Jonny Hill

Biographie

IMPRESSUM

Autor
Jonny Hill

Verlag
Joy Edition · Buchverlag, E-Books and more…
D-71296 Heimsheim, www.joyedition.de

Druck
Printsystem GmbH, D-71296 Heimsheim
www.printsystem.de

Titelbild
A-way/Hamburg

Buchgestaltung
Grafik- und Designstudio
der Printsystem GmbH

Bilder
siehe Bildnachweis

1. Auflage, 2018

ISBN 978-3-945833-84-1

Der Umwelt zuliebe gedruckt auf umweltfreundlichem, chlor- und säurefrei gebleichtem Papier.

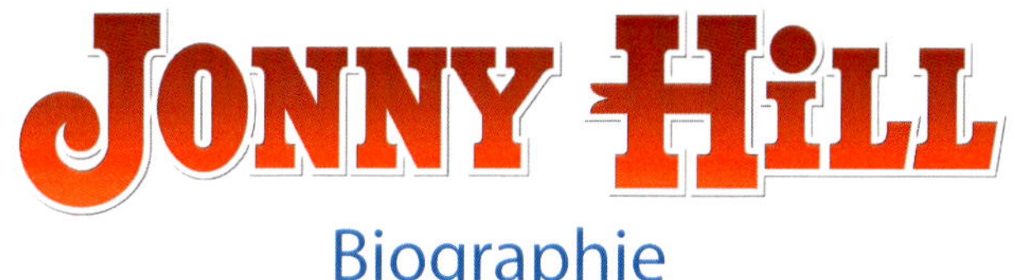

Biographie

„Ruf Teddybär 1-4“
und andere Geschichten

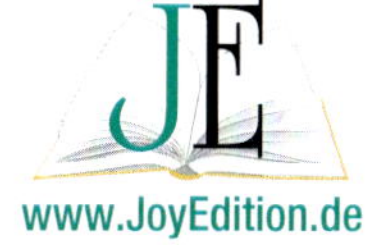

Liebe Freunde, liebe Fans, liebe Leser,

dies ist keine Biographie, im eigentlichen Sinne.
Nein, was hier gebunden vor Euch liegt, ist ein Stück aus meinem Leben, sind private und berufliche Erinnerungen.
Ich möchte Euch anregen, weltoffen zu sein und zu bleiben, egal in welchem Zeitalter wir uns befinden.
Wir alle müssen ohne Vorurteile aufeinander zugehen und unseren Weg verfolgen, den wir uns erträumen. Schon immer habe ich alles positiv gesehen; genau dies hat mir meine schönsten Jahre des Lebens im Endeffekt beschert.
Ich bin dankbar, dass ich tolle, intelligente und kreative Menschen, in nunmehr über vierzig Auftrittsjahren, kennenlernen durfte.
Immer habe ich mich hier auch ein Stück „zu Hause" gefühlt.
Viele meiner damals geschlossenen Freundschaften haben bis heute gehalten!
Danke an alle, die mich so mögen, wie ich bin.
Danke an alle, die meine Liebe zur Musik so schätzen und verstehen, und dass man in jedem Alter kreativ sein kann, wenn man nur den Willen dazu hat.

Euer
Jonny Hill

Inhalt

Typisch Löwe

Ich wurde am 27. Juli 1940 in Graz, der Hauptstadt der Steiermark in Österreich, geboren. Anfang 1944 zogen meine Eltern für kurze Zeit nach Marburg an der Drau. Das Kriegsende erlebte ich in der Obersteiermark in Gröbming im Ennstal. An diese Zeit von etwa 1942 bis 1945 habe ich zwei Erinnerungen.

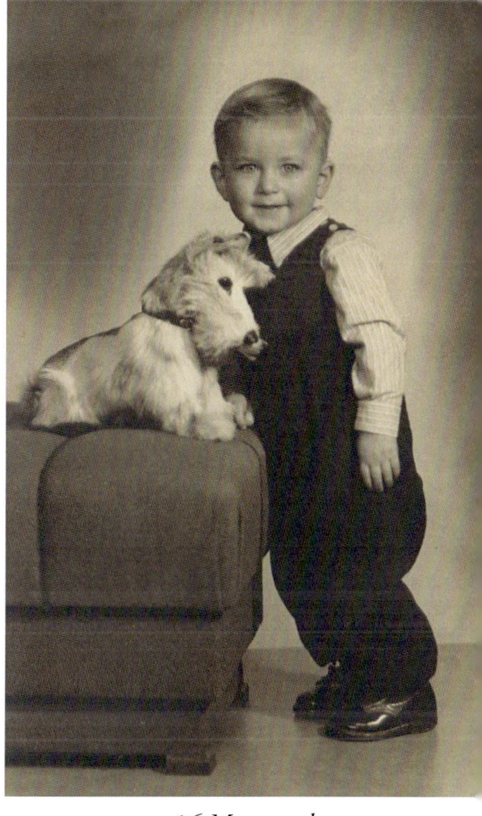

16 Monate alt

Mein Vater war 1943 in der Nähe von Marburg, heute Slowenien, stationiert. Bei einem Besuch dort durfte ich zum Gaudium der Versammelten an der Schnur einer Kanone ziehen, irgendetwas krachte und man erzählte mir, ich hätte einen Hasen erlegt. Als Belohnung gab es Bonbons mit Orangengeschmack.
Das zweite Erlebnis war Weihnachten in Marburg. Ich bekam einen Holzzug. In einem unbeobachteten Augenblick wollte ich den Zug in einen Tunnel fahren lassen. Der Tunnel war jedoch der Ofen voll Glut.
Erst ab etwa 1945 setzt bruchstückhaft meine Erinnerung ein. Die Evakuierung von Marburg über Graz nach Gröbming fand auf einem Traktor statt, der unser Hab und Gut transportierte.

Ich bin, laut Aussage meiner Mutter, an einem Samstag, 10 Minuten vor 24 Uhr, als erstes Kind von Margarete und Franz Gillming geboren. Also beinahe auch noch ein Sonntagskind. Es wäre des Guten wahrscheinlich zu viel gewesen. Denn alles in allem hat der liebe Gott wohl mein ganzes Leben lang seine Hand schützend und vor allem wohlwollend über mich gehalten. Im Zeichen der Sonne geboren, war meine Lebenseinstellung immer bejahend und positiv. Für mich war und ist ein Glas immer halbvoll und nicht halbleer. Ich liebe das Leben und ich lebe gerne.

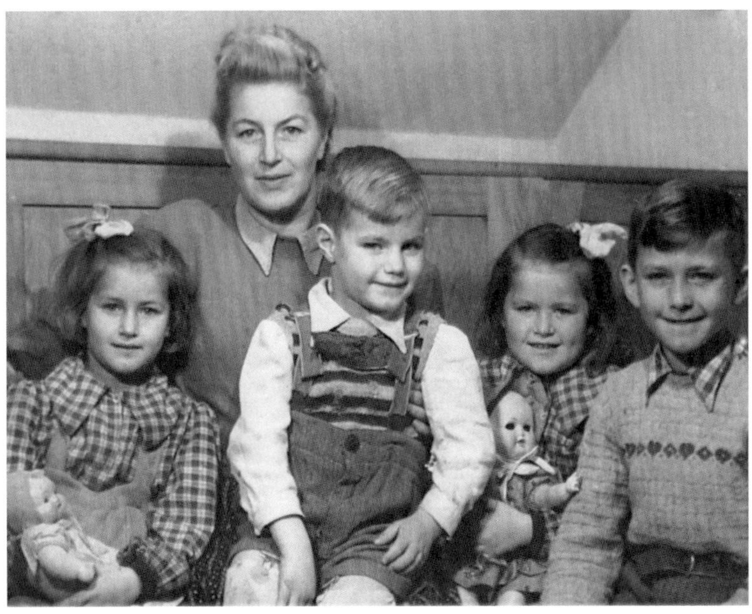

18. Januar 1946

Um es ein bisschen anders zu sagen: Ich habe unglaublich viel Glück gehabt, in allen Bereichen. Ob es die Gesundheit oder der Beruf war und ist. Ob es die Freundschaften waren, aber vor allem meine Familie. Zuerst meine Familie mit Eltern und Geschwistern. Wir haben alle ein sehr gutes Verhältnis und

sehen uns regelmäßig. Dann natürlich meine eigene Familie. Meine Frau und meine zwei erwachsenen Söhne.
Mit Andreas haben wir ein Sorgenkind. Seit seiner Geburt ist er Spastiker, Epileptiker und autistisch. Entstanden ist dieses Unglück durch Sauerstoffmangel während der Schwangerschaft. Trotz seiner schweren Behinderung ist Andreas, der in einer Fachklinik hervorragend untergebracht ist, ein sehr glückliches und fröhliches Kind.

Natürlich hat dieses Schicksal die Familie noch mehr zusammengeschweißt, wir sind gemeinsam durch dick und dünn, durch Höhen und Tiefen, gegangen. Bis heute 50 Jahre lang. Mein Sohn Michael hat mich zum Opa gemacht. Feri Andreas heißt mein Enkelkind und ist wunderbarerweise auch ein Löwe. Geboren wurde er an unserem Hochzeitstag.

Ich halte ja nicht viel von Horoskopen und Sternbildern, aber wie der Löwe immer beschrieben wird, so bin ich. Ja, ich bin ein typischer Löwe. Ich stehe gern im Mittelpunkt, bin eitel, großzügig und manchmal herrschsüchtig. Meine Frau ist ein Widder. Diese sind angeblich manchmal stur. Meine Frau ist aber auch Tirolerin. Die Tiroler sind nicht nur angeblich, die sind sicher stur.
Ich glaube, ich bin der Herr im Haus. Ich glaube das, aber das letzte Wort hat immer meine Frau.
Wenn ich Ruhe sage, sagt sie noch: „Ja!!“

Erstes selbstverdientes Geld

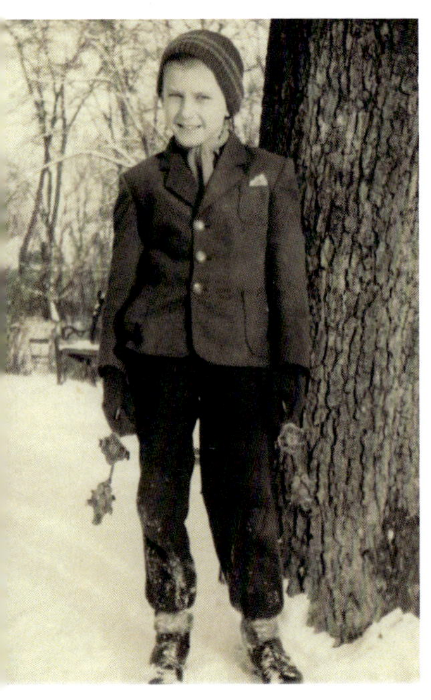

Beim Eislaufen in Graz

Nach Ende des Zweiten Weltkrieges war mein Vater in Gefangenschaft, meine Mutter wartete mit ihren Kindern in diesem kleinen Ort in der Obersteiermark auf seine Rückkehr. Wir Kinder verlebten trotz der schweren Zeit eine wunderbare, unkomplizierte Jugend.

Das Erste, an das ich mich dort erinnern kann, war ein Flugzeugwrack. Das Flugzeug wurde kurz vor dem Ende des Krieges abgeschossen. Es rankten sich für uns Kinder unheimliche Geschichten darum. Vor allem Schlangen sollte es dort geben, aber auch wertvolles Zeug und Kupferdraht. Kupfer war nach dem Krieg eine Rarität und so überwand ich alle Ängste, klopfte wie ein Verrückter mit Stöcken und Steinen, um etwaige Tiere zu verjagen und fand Kupferdraht. Damit verdiente ich mein erstes Taschengeld. Später habe ich Kastanien gesammelt und sie an den Förster verkauft. Ich war Balljunge auf dem Tennisplatz und habe in der Kegelbahn die Kegel aufgestellt.

Der Höhepunkt war, dass ich für den örtlichen Sportverein kostenlose Programmhefte verteilen sollte, dafür bekam ich zwei Schilling. Das war mir zu wenig: Ich verkaufte die Programme einfach. Als meine Mutter das herausfand, meinte sie, dass ich den Leuten das Geld zurückgeben müsse. Leider zu spät, sie waren schon alle weg.

Die Schneckenjagd

Als Kind wurde ich schon zur Tierliebe erzogen, wobei diese sicherlich manchmal ein wenig zu weit ging.

Ich erinnere mich noch, als sei es erst gestern gewesen: Zusammen mit meinem kleinen Bruder hatte ich große dicke Schnecken, an die 50 Stück, gesammelt und sie in einen Schuhkarton gepfercht. Als Nahrung legten wir ihnen Gras und Salatblätter hinein. Damit sie auch genug Luft bekamen, machte ich Löcher hinein, die gerade groß genug waren, um genügend Sauerstoff hindurch zu lassen, aber klein genug, damit sie nicht entwischen konnten.
Offiziell durfte ich diese Kriechtierchen nicht mit in unsere Wohnung nehmen, aber als meine Mutter einen kurzen Augenblick nicht aufgepasst hat, schmuggelte ich den Karton an ihr vorbei und versteckte mein selbst gebasteltes Terrarium unter meinem Bett.

Durch die schrillen Schreie meiner Mutter und meiner Schwestern wurde ich am nächsten Tag jäh aus dem Schlaf gerissen und ahnte bereits Schlimmes.

Als ich die Schachtel unter dem Bett hervorholen wollte, blieb mir vor Schreck beinahe das Herz stehen, die Tiere waren alle entwischt und auf Erkundungstour durch die gesamte Wohnung. Um sich besser fortbewegen zu können, sondern Schnecken ein spezielles Sekret, im Allgemeinen als Schneckenschleim bekannt, ab. Eben dieser hat im Lauf der Nacht den Karton derart aufgeweicht, dass er sich total verbog und meine geliebten Tierchen sich in aller Ruhe davonmachen konnten, kreuz und quer durch die ganze Wohnung. Sie können sich nicht vorstellen, wie groß die Aufregung war, bis ich alle Schnecken wieder eingesammelt hatte. Schließlich ekelten sich die Damen meiner Verwandtschaft dergestalt vor diesen glibberigen Tieren, dass sie diese nicht einmal am Gehäuse anfassen wollten. Der Einzige, der mich beim Suchen kräftig unterstützte, war mein kleiner Bruder, der sich vor lauter Schadenfreude kringelig lachte.

Nachdem ein neuer Karton mit den Ausreißern gefüllt worden war, las mir meine Mutter ordentlich die Leviten, da ich wissentlich ihr Verbot, die Schnecken nicht mit ins Haus zu bringen, missachtet hatte.
Geläutert entließ ich die Steine des Anstoßes in das Salatbeet der Nachbarin.

Am Marterpfahl

Ich werde nie vergessen, wie ich fast vier Stunden am Marterpfahl hing und um Hilfe schrie. Doch leider hörte mich niemand.
Ich war zehn oder elf Jahre alt und lebte mit meinen Eltern immer noch in diesem kleinen Ort im Ennstal. Dort hatte ich natürlich viele Freunde, mit denen ich mich außerhalb der Schule herumtrieb. Wir Jungen spielten bei jeder passenden und unpassenden Gelegenheit Cowboy und Indianer. Obwohl mein Herz für die Indianer schlug, musste ich immer bei den Cowboys mitmachen. Irgendwann habe ich mich dann geweigert und da ich nicht der Größte war, wollte man mir einen Denkzettel verpassen. Denn das Sagen hatten die Älteren.

Oberhalb des Ortes befand sich ein kleines Waldstück, darin eine Lichtung mit ein paar einzelnen Bäumen. Dort trafen wir uns gelegentlich. So war es auch an diesem Tag. Es wurde wieder eingeteilt: Da die Indianer, dort die Cowboys und natürlich war ich wieder ein Cowboy. Ich maulte herum und bevor ich überhaupt nachdenken konnte, wurde ich gepackt, an einen Baum gestellt und der Häuptling der Indianer – ein Schulkollege aus der letzten Bank – meinte: „Fesselt und martert ihn."
Ich ergab mich dem Schicksal, noch war ja alles nur Spiel. Die anderen Cowboys verstreuten sich im Wald und wurden nicht mehr gesehen.
Erst fiel es mir gar nicht auf, aber mit der Zeit bemerkte ich, dass auch die Indianer immer weniger wurden. Auf einmal war ich ganz allein. Langsam ging die Sonne unter und ich wartete, dass entweder die Cowboys mich befreien würden oder die Indianer zurückkämen. Aber nichts geschah. Als es dunkel wurde, bekam ich es mit der Angst zu tun und schrie und schrie, aber

keiner hörte mich. Nachdem ich längst hätte zu Hause sein müssen, begann mich meine Mutter zu suchen – natürlich zuerst bei den Nachbarn und den Eltern meiner Schulfreunde. Nach über dreieinhalb Stunden kam dann einer meiner Freunde zu meiner Mutter und meinte, dass sie mich wohl vergessen hätten. Die Cowboys und die Indianer bekamen natürlich zu Hause Ärger.

Doch die Sache hatte auch etwas Gutes. Da ich keinen meiner „vergesslichen Indianer“ verpfiffen hatte, durfte ich ab diesen Zeitpunkt immer bei ihnen mitspielen.

Rattenfänger

Das erste Fahrrad habe ich mir beim Straßenbau in den Schulferien verdient. Es war ein Peugeot-Rennrad ohne Gänge. Damals hatte ich einen guten Freund, Horst Weidenmüller. Er wollte Metzger werden und nahm mich immer mit, wenn er zum örtlichen Fleischer ging, um Eindrücke zu sammeln. Es war immer unheimlich spannend für uns, wenn eine Sau geschlachtet wurde. Wir sahen zwar nichts, aber umso mehr hörten wir. Bei diesen Gelegenheiten drangen wir bis in den alten, verlassenen Schweinestall vor. Hier begegnete uns das Schicksal in Form von Ratten. In diesem alten Gemäuer wimmelte es nur so von den doch bis zu 40 Zentimeter großen Tieren. Mein Freund, der recht robust war, hatte überhaupt keine Angst und erschlug gleich eine Ratte mit einem Ziegelstein. In diesem Augenblick, wahrscheinlich durch unser Geschrei angelockt, erschien der Metzger. Statt uns zu verjagen, meinte er: „Jungs, ich habe hier eine Rattenplage. Für jede tote Ratte gibt es einen Schilling."

Das brauchte er meinem Freund Horst nur einmal sagen. Ab diesem Tag waren Horst und ich täglich nach der Schule auf Rattenjagd. Die toten Tiere legten wir immer vor die Tür des Schweinestalles, schön aufgereiht, so dass der Metzger immer sehen konnte, wie viele Tierchen wir ins Jenseits befördert hatten. Denn dafür wollten wir auch unseren Lohn erhalten.

Am nächsten Tag waren keine toten Tiere mehr da. Nach drei Wochen sah uns der Metzger an einem Nachmittag und fragte uns, wie es uns denn so gehe und wie es mit den Ratten sei. Wir meinten verlegen, dass wir schon über dreißig Tiere erschlagen hätten.

Der Metzger sah uns ungläubig an und fragte, wo die toten Ratten sind. Als wir ihm sagten, dass wir diese immer vor die

Tür gelegt haben, lachte er ungläubig. Erst später sind wir drauf gekommen, dass Ratten ihre toten Gefährten verschleppen und verspeisen. Wir haben daraus gelernt. Ab diesem Zeitpunkt haben wir die toten Tiere in eine Tonne geworfen und sie dem Metzger gezeigt. Am Ende unserer Jagd bekamen wir zwar kein Geld, aber jeder einen großen Kranz einer sehr guten Wurst.

Übrigens: Horst ist ein sehr guter Metzger geworden. Als wir uns viele Jahre später nochmals trafen, haben wir herzlich über unser Jagdabenteuer gelacht.

Die Schulzeit und wie ich zu singen begann

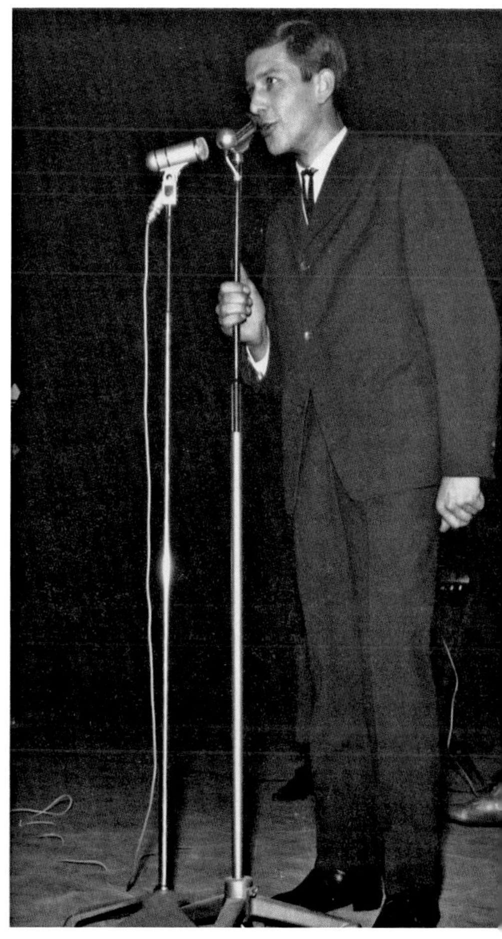

Bei einem meiner ersten Auftritte: Graz 1959

Die Schulzeit bedeutete für mich einen ständigen Wechsel, der schon in der ersten Klasse begann und nie endete. Meine Mutter hat mich, damit es für sie leichter war, in die erste Klasse Volksschule zu Oma und Opa nach Graz gegeben. Also wurde ich von Oma und Opa erzogen. Oma und Opa waren die Großeltern väterlicherseits, Großvater und Großmutter waren die mütterlicherseits.

Mein Opa war ein alter K.u.K.-Offizier, so dass ich ganz streng erzogen wurde. Ich durfte zum Beispiel bei Tisch nur sprechen, wenn Opa mir das Wort erteilte. Zudem musste ich meinem Opa zur Begrüßung und Verabschiedung die Hand küssen und „Küss die Hand, Opa“ sagen. Ich habe eine strenge Erziehungsschule durchgemacht, die mir aber sicher nicht geschadet hat. Wenn ich heute manchmal junge Leute sehe, wie sie mit Messer und Gabel umgehen, würde ich ihnen manchmal meinen Opa oder einen Kurs in einer Benimmschule wünschen.

Ich habe dann jedes Jahr in einer anderen Schule verbracht, nur im Gymnasium war ich einmal in einer Schule für zwei Jahre – aber nur deshalb, weil ich sitzen geblieben bin.

Ich war des Öfteren bei den Großeltern mütterlicherseits. Der Großvater war Schlosser und nicht so streng wie Opa. Als er in Rente ging, ist er immer noch zu den Bauern ins nahe Burgenland gefahren und hat ihnen die Maschinen repariert. Auf diesen Touren hat er mich in den Sommerferien ab und zu mitgenommen. Bei den Bauern gab es zu essen und zu trinken und auf dem Nachhauseweg wurde kein Gasthaus ausgelassen. Großvater wurde natürlich immer fröhlicher und begann zu singen. Ich musste mitsingen. Wenn er nicht mehr konnte, stellte er einen Stuhl hin und sagte: „Steig auffi Bua und sing du."
Ich musste allein irgendetwas singen und bekam dafür eine Limonade.

So begann ich mit dem Singen.

Wenn ich dann wieder zu Hause bei meinen Eltern war, musste ich im Keller Holz hacken. Bald kam ich darauf, dass das sehr schön klang, wenn ich da unten sang. So riss ich mich förmlich darum, in den Keller zu gehen. Der Keller bestand aus zwei Räumen. Wenn ich mich in den Durchgang der beiden Räume stellte und den Kopf an den Türrahmen drückte, konnte ich immer tiefer singen als normal. Ich bekam dadurch den Stimmsitz ganz früh richtig nach vorn und wurde so ein Bassbariton. Natürlich wusste ich nichts von solch einer Gesangsübung, ich machte es halt aus dem Gefühl heraus richtig. Später habe ich ähnliche Übungen in der Schauspielschule gemacht. Wahrscheinlich hat damit alles angefangen, ich habe damals den Grundstock für meinen Beruf als Sänger gelegt.

Theater und Film

Mein Vater war Maschinenbauingenieur und wollte unbedingt, dass sein ältester Sohn auch diesen Beruf ausüben sollte. Also ging ich meinen Eltern zuliebe auf die Fachschule für Maschinenbau. Ich war 15 oder 16 und von zwei Viren längst infiziert: Zum einen war der Rock 'n' Roll über uns hereingebrochen und zum anderen James Dean mit seinem ersten Film „Denn sie wissen nicht was sie tun".

Ich war im Internat und habe an einem Sonntag diesen Film vier Mal hintereinander gesehen. Ich glaubte von diesem Augenblick an, dass ich das auch könne und wollte Schauspieler werden. Diese Mischung aus Verletzlichkeit und Sensibilität auf der einen, Härte und Mut auf der anderen Seite hat mir damals unheimlich imponiert. Ich war hin und her gerissen zwischen den Erwartungen meiner Eltern und meinen eigenen Wünschen.

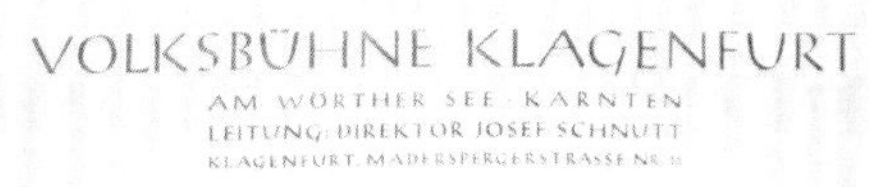

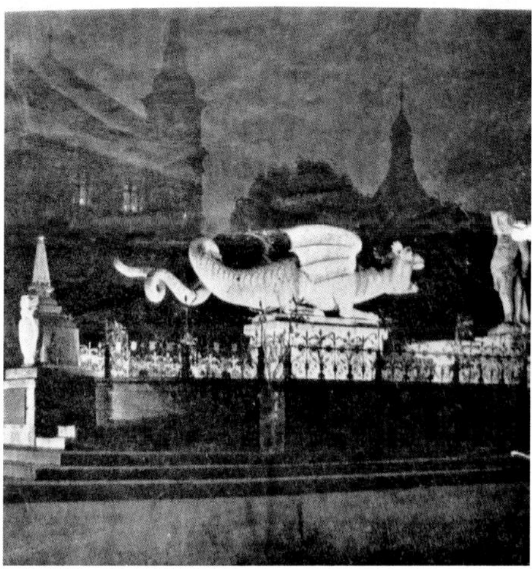

Ich habe meinem Vater begeistert davon erzählt, dass ich nicht mehr Maschinenbau studieren wolle, sondern Schauspiel. Ich bekam eine ordentliche Ohrfeige und ging weiter auf die Fachschule.

Doch ich gab meinen Traum nicht auf, ging erst heimlich, später offiziell auf die Schauspielschule. Einen Abschluss habe ich nicht gemacht, aber ich wurde schon nach einem Jahr von einer Theatergruppe engagiert und ging auf Tournee.
Es begann in Millstatt in Kärnten. Meine erste Rolle war die eines jugendlichen Liebhabers in einem Bauernstück. Ich spielte einen Jagdgehilfen, der einen Wilderer verfolgte, blutüberströmt zurückkam und das Geschehene erzählen sollte.
Alle Ensemblemitglieder waren alte, erfahrene Theaterhasen. Ich hingegen leicht pseudointellektuell, gerade von der Schauspielschule kommend, alles besser wissend.
Dann kam der Augenblick, als ich mein Lehrgeld bezahlen musste und mir meine Kollegen zeigten, „wo der Bartl den Most holt".
Premiere! Ich kam herein, setzte mich an den Tisch. Anders als bei den Proben wurde ich nicht mit Mullbinden, sondern mit Toilettenpapier eingewickelt. Auch die Stichworte meiner Kollegen kamen nicht. Ich sah in meiner Not nur die Schüssel

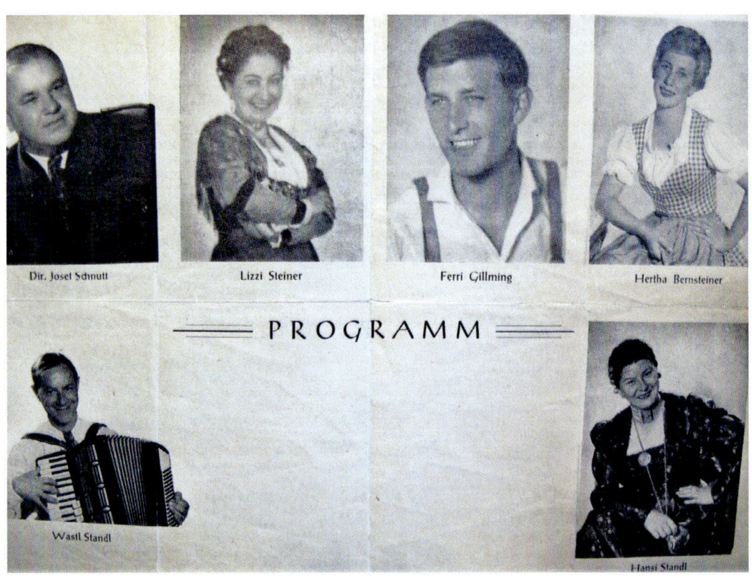

Milch mit den Brotstücken drin, wie das bei den Bauern üblich war und begann mit hochrotem Kopf die Schüssel auszulöffeln. Nicht ein Wort kam über meine Lippen und je größer meine Aufregung wurde, um so weniger kannte und konnte ich meinen Text.
Es war eine Katastrophe!
Ich wurde später noch ein paar Mal aufs Glatteis geführt. Mit der Zeit wurde ich bescheidener, aber auch immer sicherer und habe alles gelernt, was man auf der Bühne an Erfahrung braucht.

Mit meiner Wanderbühne bin ich von Kärnten in die Schweiz gezogen und habe dort wirklich auf den Brettern, die die Welt bedeuten, meine ersten richtigen Gehversuche als Schauspieler gemacht.

Alles von der Pike auf gelernt:
Wie man eine Theaterbühne aufbaut, wie die Züge des Vorhanges funktionieren; ich habe Karten verkauft und das Publikum eingelassen. In der Pause sang ich zur Gitarre, nach der Vorstellung wurde wieder alles abgebaut. Ich habe den Liebhaber in allen möglichen bäuerlichen Stücken gespielt und danach ging es meist todmüde ins Hotel. Unser Hotel war in Flüelen am Vierwaldstätter See.

An einem Abend fuhren wir nach der Vorstellung in den Nachbarort Altdorf, um etwas zu trinken. Das Schicksal wollte es, dass in diesem Hotel eine Filmcrew wohnte.

Diese drehte einen Film mit Toni Sailer, Hannelore Cremer, Trude Hesterberg und einer Kollegin aus der Schauspielschule, Eva Astor. Da ein Schauspieler wegen Verletzung ausgefallen war, bot man mir spontan dessen Rolle an.

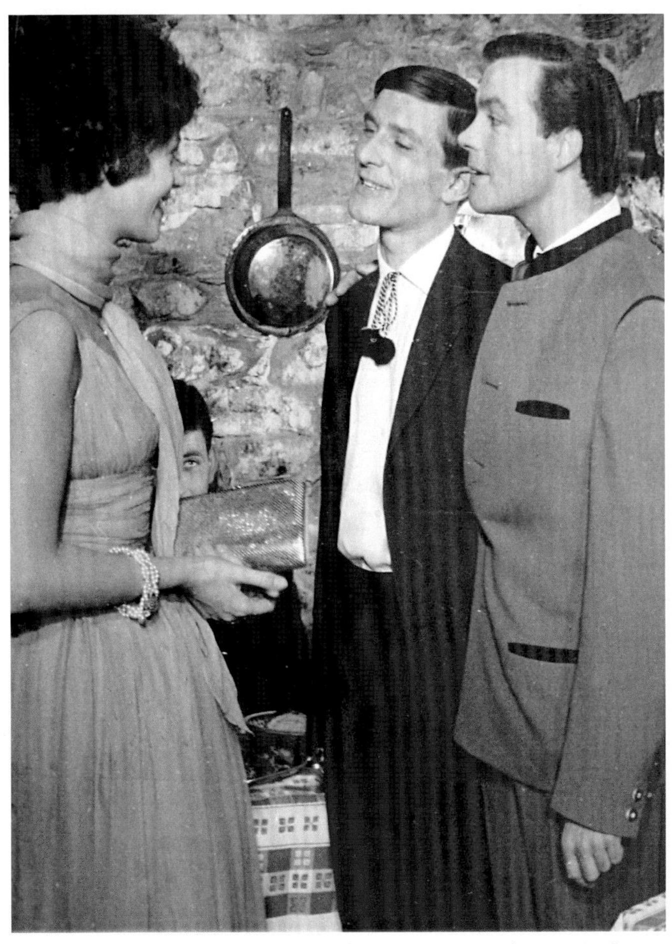

Mein erster Film mit Hannelore Cremer und Toni Sailer

Sie müssen sich vorstellen: Ein Jahr Schauspielschule, dann ein bisschen Theater gespielt – noch dazu bäuerliches Theater – und beinahe am Ziel all meiner Träume. Aber da gab es ein Problem – ich hatte einen Vertrag mit dem Theater.

Der Großzügigkeit meines Theaterdirektors war es zu verdanken, dass ich die Rolle annehmen konnte. Es war meine erste Filmrolle, aber schon, mehr oder weniger, meine Letzte. Ich habe danach

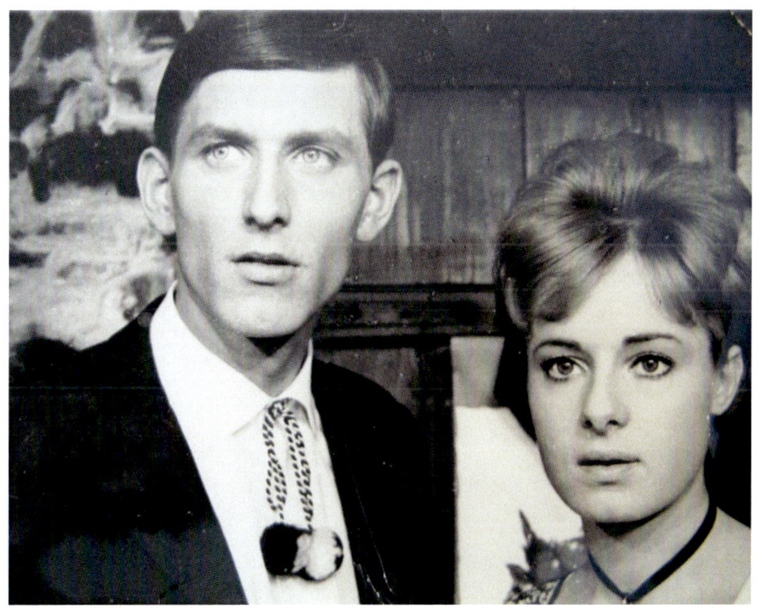

Mit Monika Jobst bei „Wiedersehen am blauen Meer“

noch eine kleine Rolle in einem Musikfilm am Neusiedler See gedreht. Zu guter Letzt war ich bei den Dreharbeiten von „Die große Flucht“ mit Steve McQueen dabei. Ich war ein Kriegsgefangener, aber im Film selbst habe ich mich nicht mehr gesehen: Herausgeschnitten! Damit war meine Filmkarriere beendet.

Das Theater hat mich nicht so schnell losgelassen.

In Innsbruck gab es ein kleines Theater mit dem Namen Theater 107. Dort spielte ich sehr erfolgreich Komödien, den Marlow'schen „Faust“, „Arrabal“ und in einem wunderbaren Brechtabend.

Aber irgendwann ist mir klar geworden:
„Du musst dich entscheiden, Theater oder Singen.“
Ich habe mich fürs Singen entschieden und es nie bereut.

Meine Geschwister

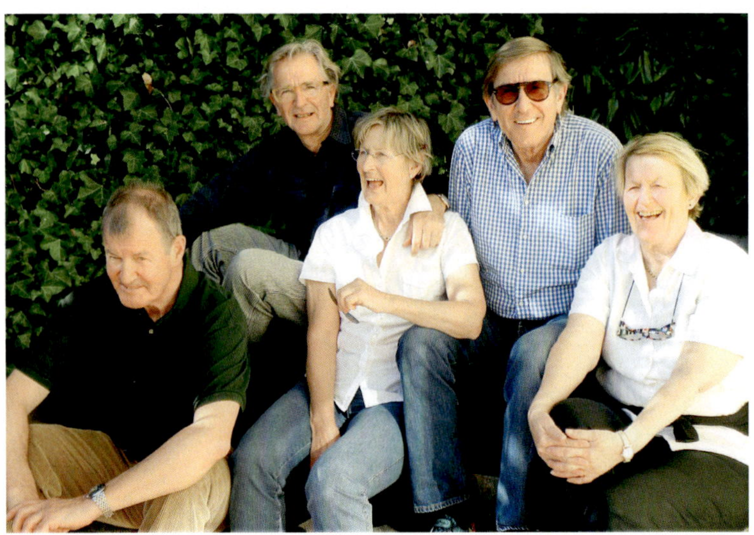

Aufnahme zu meinem 70er

Wir sind insgesamt fünf Kinder.
Ich bin der Älteste, zwei Jahre später wurde Ilse geboren, ein weiteres Jahr danach Uschi. Nach noch einmal einem Jahr folgte Hannes und zehn Jahre später ein Nachzügler, Folke. Wie Kinder nun einmal sind, haben wir natürlich auch gestritten, aber wenn es aus dem Haus raus ging, waren wir ein Bollwerk. Dies haben uns erst die Mutter und später auch der Vater ganz fest eingeprägt. Ich, als Ältester, sollte natürlich immer der Vernünftige sein und bei meinen kleineren Geschwistern mit gutem Beispiel vorangehen. Das ging mir aber ganz schnell auf die Nerven. Kaum waren die Eltern einmal aus dem Haus, fiel ich über sie her und wollte den Chef spielen. In ihrer Not hielten die jedoch zusammen und sperrten mich einfach ins Klo ein. Die Strafe hatte ich wohl verdient.
Später war ich der Erste, der mit Schauspiel einen künstlerischen Beruf ergriffen hat, sehr zum Leidwesen meines Vaters.

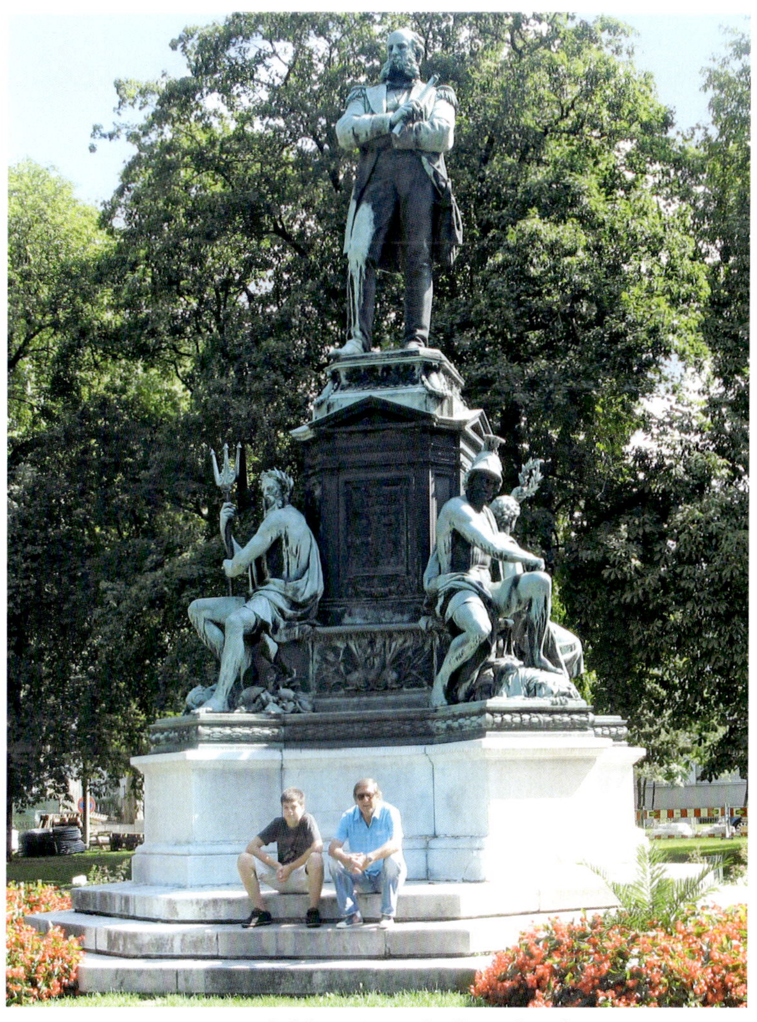

Mit meinem Enkel beim Tegetthoff-Denkmal in Graz

Hannes folgte meinem Beispiel und ging ebenfalls zur Bühne. Meine Schwester Ilse ist im Kunstgewerbe tätig und Folke, der Nachzügler, schreibt Märchenbücher. Nur Uschi ging einer „herkömmlichen“ Erwerbstätigkeit nach, sie wurde Kosmetikerin. Aber Sie wissen, meine Damen, auch eine Kosmetikerin kann eine Künstlerin sein. Manchmal muss sie es sogar.

Mein Vater war Maschinenbauer, meine Mutter Hausfrau – und alle fünf Kinder ergriffen einen künstlerischen Beruf. Woher kommt nur all diese Kreativität?

Zu meinem Bruder Folke muss ich Folgendes erzählen: Österreich war in seiner langjährigen Geschichte auch einmal eine Seemacht. Das war ungefähr von der Mitte des 19. Jahrhunderts bis zum Ersten Weltkrieg. Unter dem Befehl von Admiral Wilhelm von Tegetthoff siegte die österreichische Flotte 1864 bei Helgoland gegen die Dänen und 1866 bei Lissa gegen Italien.

Dieser Admiral Wilhelm von Tegetthoff ist ein Verwandter meiner Familie. Damit die Erinnerung und der Name erhalten bleiben, hat mein Bruder Folke den Namen Tegetthoff angenommen und ist mit diesem Namen einer der bedeutendsten Märchenerzähler und Kinderbuchautoren Europas geworden.

Wir Geschwister haben bis heute ein sehr herzliches Verhältnis. Wir sind im Lauf der Jahre alle aus der schönen Steiermark weggegangen. Nur Folke, der Jüngste, ist dort geblieben und viele Erinnerungen.

Ford 17 M De Luxe

Er war einer der großen des Autorennsportes, Formel 1 Weltmeister, Österreicher und ein Jugendfreund von mir: Jochen Rindt.
Ich lernte Jochen auf einer der unzähligen Partys kennen und wir verstanden uns sofort. Jochen Rindt war zwei Jahre jünger als ich, unauffällig und ein wenig schüchtern. Er hatte keine Freundin, im Gegensatz zu den meisten anderen.
Er saß allein in der Küche und trank Coca Cola. Ich, auf dem Weg, mir was Essbares zu besorgen, kam mit ihm ins Gespräch und wir stellten überrascht fest, dass wir in derselben Schule waren. Das war der Anfang einer Freundschaft.
Mit in dieser Clique waren Hans Schullin, heute Juwelier in Graz, Dr. Helmut Marko, heute für Red Bull Racing tätig und der Maler Gert Maria Hofmann.

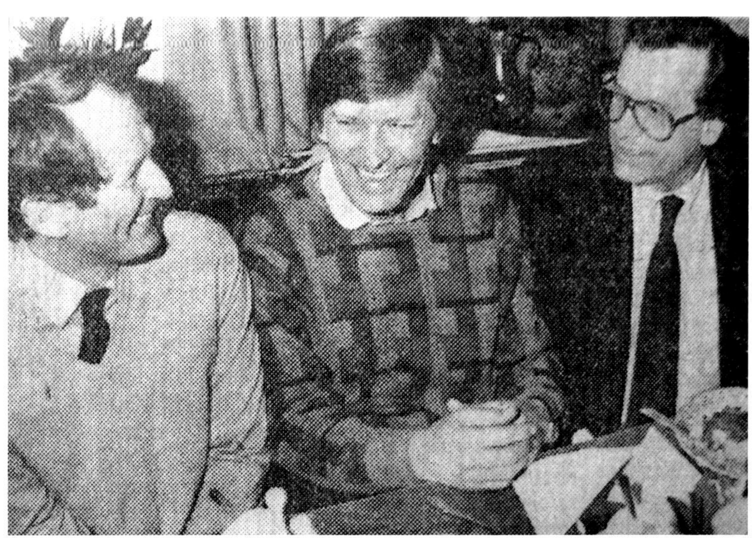

li: Dr. Helmut Marko, re: Gert Maria Hofmann
Foto: Kronenzeitung Graz

Wir trafen uns fast täglich in einem Lokal und waren alle ein bisschen eifersüchtig auf Jochen, weil der schon, er war 16 Jahre alt, ein eigenes Auto fuhr. Er hatte mit einer Sondergenehmigung den Führerschein bekommen. Jochen Rindt wohnte in Graz bei seiner Großmutter, da er Vollwaise war.
Ich besuchte zu dieser Zeit die Fahrschule und sollte im November die Fahrprüfung machen. Ich hatte, wie viele der Jungs, natürlich kein eigenes Auto, aber mein Vater hatte sich einen nagelneuen Ford 17 M gekauft. Er ließ mich ab und zu auf ruhigen Landstraßen ans Steuer und wusste natürlich, wie gerne ich fuhr.
Als wenn er etwas geahnt hätte, legte er jeden Abend den Autoschlüssel unter sein Kopfkissen, bevor er schlafen ging. Ich schlich in das Schlafzimmer auf der Jagd nach diesem Schlüssel, denn ich wollte auch einmal mit einem Auto durch die Nacht fahren. In Graz und um Graz herum gab es damals viele Parties: Rock 'n' Roll-Partys und da musste man dabei sein. Es war schick, heute würde man sagen „cool", mit einem „geklauten" Auto unterwegs zu sein. Meine Geduld wurde auf eine harte Probe gestellt.
Der Weg war immer derselbe. Ich tat, als ginge ich ins Bett, wartete bis alle schliefen, dann die Autoschlüsselsuche. Ohne Erfolg. Über den Balkon, wir wohnten im ersten Stock, zum vereinbarten Treffpunkt und dann, fünf bis sechs Autos mit Jochen Rindt an der Spitze, auf Tour.

Eines Tages, in einer Spätsommernacht, lagen die Autoschlüssel des 17 M wie auf einem Tablett auf dem Nachttisch. Mein Vater hatte vergessen, sie unter sein Kopfkissen zu legen. Das war der Anfang vom Ende.
Mit dem Schlüssel über den Balkon, ins Auto, auf die Straße: ein unglaubliches Gefühl auf dem Weg zum Treffpunkt. Zu viert ging es über die Landstraße in ein bekanntes Tanzlokal.

Bei mir fuhren noch zwei Mädchen und ein Junge mit. Jochen, wie immer an der Spitze des Konvois, allein in seinem Wagen.

Auf diesen Tanzpartys waren wir alle kleine James Deans und glaubten, dass „wir wissen was wir tun". Absolut ausgeschlossen war für uns jedoch Alkohol. Gott sei Dank. In den frühen Morgenstunden ging es wieder Richtung Heimat. Mittlerweile war überall, bedingt durch die Jahreszeit, Bodennebel aufgekommen. Jochen fuhr vor mir. Eine sehr hügelige Gegend. Plötzlich sehr dichter Nebel. Auf einmal direkt vor mir ein greller Scheinwerfer und dann krachte es.
Erst später wurde klar, was da geschehen war.

Jochen hatte trotz schlechter Sicht eine Kurve geschnitten, den entgegenkommenden Wagen zu spät oder gar nicht gesehen und diesen Wagen gestreift. Der Lenker verlor dadurch die Herrschaft über sein Fahrzeug und knallte mir frontal in den Ford. Krankenhaus, Leberriss und Totalschaden des Autos.
Meine Eltern waren geschockt, aber auch froh, dass mir nicht noch mehr passiert war. Jochen besuchte mich jeden Tag im Krankenhaus. Als ich entlassen wurde, stand er da und brachte mich mit seinem Simca nach Hause.
Viele Jahre später, er war schon der bekannte Rennfahrer Jochen Rindt, trafen wir uns auf dem Flughafen und dachten voll Wehmut an den Beginn des Rock 'n' Rolls, an James Dean und an unsere abenteuerlichen, nächtlichen Ausflüge.

Der einzige Wermutstropfen, der geblieben ist: Ich konnte meinem Vater sein Auto zu Lebzeiten nicht mehr zurückgeben.

Kurze Berufsmusikerkarriere

Anfang der 60er-Jahre trieb ich mich in München Schwabing herum und träumte von einer großen Sängerkarriere. Bei diversen Gesangswettbewerben hatte ich den ersten Platz gemacht, dafür kleine Preise bekommen, kam aber sonst keinen Schritt weiter. Bei einer dieser Veranstaltungen lernte ich den Musikagenten Franz Seelos kennen. Auf meine Frage, ob er mich nicht als Sänger vermitteln könne, meinte er, dass dies nur mit einer Band möglich sei. „Stell dir eine kleine Musikgruppe zusammen, die dich begleitet, dann kann ich dir auch Engagements besorgen."

Woher aber eine Band nehmen? Ich kannte in München keine Musiker. Ich selbst spielte zwar ein bisschen Gitarre, konnte alle Lieder, die ich so sang, ganz gut auf meiner Gitarre begleiten, aber mich als Gitarristen zu bezeichnen, war des Guten doch zu viel.

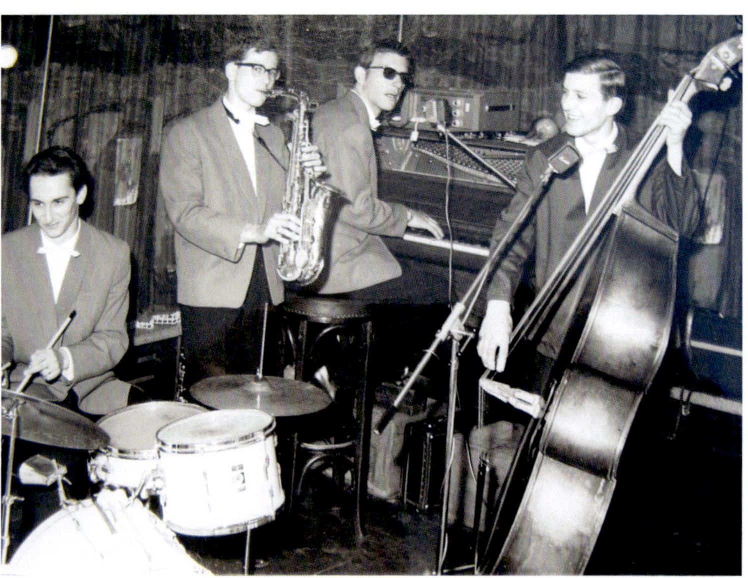

Da fiel mir ein, dass meine Schwester Ilse mit einem Jazzmusiker in Graz verheiratet war. Ich rief ihn an und fragte, ob er nicht eine kleine Band zusammenstellen könne, da ich das Angebot hätte, als Sänger mit einer Band engagiert zu werden. So begann meine kurze, aber intensive Berufsmusikerkarriere.

Mein Schwager Peter kam mit drei Jazzern, die musikalisch sehr gut waren und die mich begleiteten. Alle waren Studenten und hatten gerade Semesterferien. Solange konnten sie bleiben. Ich informierte den Musikagenten, dass ich die Musiker nur für zwei Monate zur Verfügung hätte. Franz Seelos meinte, dass das nichts ausmache und er mir danach andere Musiker besorgen werde.

Unser erstes Monatsengagement war das Tanzcafé „Hochhaus" in Ingolstadt. Es dauerte ein paar Tage, bis wir uns eingespielt hatten. Ich sang alle damals gängigen Schlager und Rock 'n' Roll-Songs. Es sprach sich schnell herum, dass im „Hochhaus" sehr gute Jazzer spielten. So kamen nach Feierabend immer wieder Musiker, um mit der Band zu jammen. Wenn ein Bassist fehlte, sprang ich ein. Mein rechter Zeigefinger wurde dick eingewickelt und ich musste, da ich ja keinen Bass spielen konnte, nur im Rhythmus einen Basston erzeugen. Wir machten recht erfolgreich Tanzmusik und spielten danach einen Monat im Café „Mozart" in Regensburg.

Gegen Ende des Monats teilte mir Franz Seelos mit, dass er das nächste Engagement für mich schon habe. In Memmingen. Dazu auch zwei neue Musiker, einen Bassisten und einen Pianisten, die mich zu meinen Liedern begleiten würden. Als meine Kollegen Richtung Heimat fuhren, war mein Ziel Memmingen. Ich sollte meine neuen Musiker am frühen Nachmittag treffen. Aber als ich gegen 14 Uhr in dem Lokal eintraf, saß nur

ein Mann in der Ecke und las die Zeitung. Er tat sich schwer beim Umblättern, da er nur einen Arm hatte. Als ihm die Streichhölzer auf den Boden fielen, hob ich sie für ihn auf und wir kamen ins Gespräch.
Ich erzählte ihm von meinem neuen Auto und wir plauderten über dies und das.

So verging eine Stunde, ich wurde langsam nervös wegen der angekündigten Kollegen. Mein Tischnachbar bemerkte meine Unruhe und fragte, ob ich mit jemandem verabredet sei. Ich meinte ja, ich warte auf zwei Kollegen: Auf einen Bassisten und auf einen Pianisten, mit denen ich mein neues Engagement antreten wolle. „Dann bist du ja der Gitarrist und Sänger, ich bin der Pianist, der Bassist wird gleich da sein", meinte er.

Doch der dritte Mann erschien nicht, aus welchen Gründen auch immer. Also versuchten der einarmige Pianist und der mittelmäßige Gitarrist, zu zweit und ohne Proben Tanzmusik zu machen. Der Wirt schaute sich das eine ganze Stunde lang an, dann warf er uns beide aus dem Lokal.

Das war das Ende meiner Berufsmusikerkarriere.

Der Ehevertrag

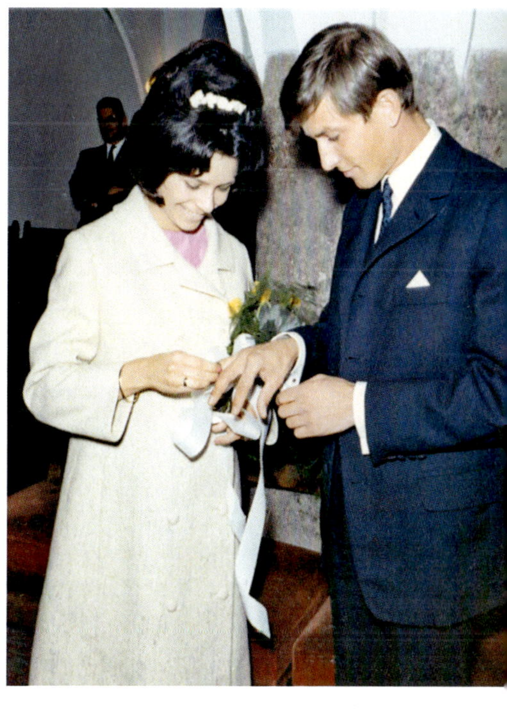

Ich lernte meine Frau in einem kleinen Kaffeehaus in Innsbruck kennen. In diesem Kaffeehaus traf sich damals alles, was Rang und Namen hatte. Sie saß ganz still in einer Ecke und ich wusste sofort: die oder keine. Wir sahen uns fast jeden Tag und irgendwann nach einem Jahr – sie hatte mich lange hingehalten – ist es geschehen. Helga war schwanger.

Sie, gerade 24 Jahre alt und ich erst 23. Da ich zu Hause bei meinen beiden Schwestern immer den Aufpasser und Moralapostel gespielt hatte, meinte meine Mutter, als sie von Helgas Schwangerschaft erfuhr, dass ich es ja nicht wagen sollte, dieses Mädchen mit dem Kind sitzen zu lassen.
Heiraten? Welch grauenhafte Vorstellung.
Mit 23 Jahren für immer gebunden? Niemals!

Doch meine Mutter duldete keine Widerrede. Also gab ich nach, unter einer Bedingung: Helga musste einen Vertrag unterschreiben, dass sie sich nach drei Monaten wieder scheiden lassen würde. So hatte das Kind einen Namen, einen Vater und meiner Mutter war Genüge getan.

Meine Frau willigte ein. Was blieb ihr auch anderes übrig, damals vor über 50 Jahren im christlichen Tirol. Wir heirateten und nach drei Monaten wollte Helga sich scheiden lassen. Aber ich sagte: „Lass es uns doch probieren."
Wir versuchten es und bis heute sind über 50 Jahre Ehe daraus geworden.
Glauben Sie mir, ich würde meine Frau sofort wieder heiraten!
Wenn Sie wissen möchten, ob sie es auch tun würde, dann fragen Sie Helga einfach selbst!

Mein erstes Auto

Durch meine ersten Engagements als Berufsmusiker verdiente ich ganz gut und wollte mir gleich ein Auto kaufen. Ein „richtiges“ Auto, wenn auch gebraucht, war zu teuer. Nach langem Suchen fand ich einen Autohändler, der mir ein Auto zu einem besonders günstigen Kurs verkaufte. Es war ein Goggomobil-Cabrio. Ich war natürlich sehr stolz. Dieser Wagen brauchte sehr wenig Benzin, war ein Zweitakter und toll in Form. Da ich ja Künstler war, wollte ich auch ein besonderes Auto haben, so bemalte ich mein kleines Goggomobil.

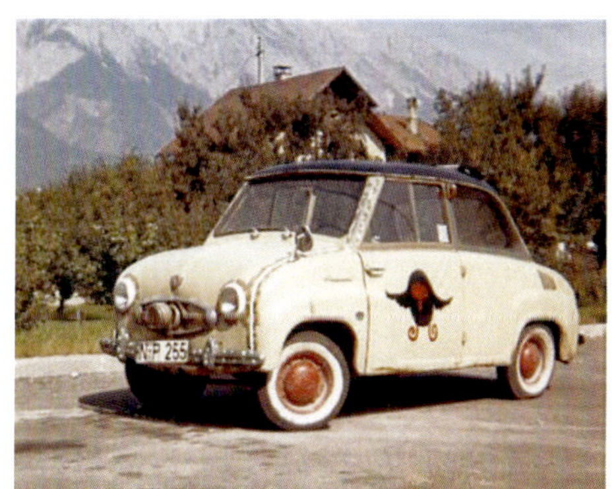

Mein Goggomobil

Ich fuhr an meinen freien Tagen von Ingolstadt nach Innsbruck und es war schon ein besonderes Gefühl, in seinem eigenen Wagen zu sitzen. Natürlich gab es immer wieder kleine Probleme, aber das hat mich nicht weiter gestört.
Auf der Fahrt von Regensburg nach Memmingen, zu meinem neuen Engagement, riss mein Gasseil.
Ich musste es auf der Straße ganz allein mit zwei Muttern und zwei Schrauben reparieren. Das war natürlich richtiger Stress.
Mein kleines Goggomobil habe ich Jahre später einem der großen europäischen Miss-Veranstalter für seine Ehefrau verkauft.
Bei der Überführung von Innsbruck nach Linz zusammen mit meiner Frau riss bei strömendem Regen nochmals dieses Gasseil.
Bei der Überstellung von Linz nach Wien kam es beinahe zu

einem Unfall. Der Käufer hatte einen Mercedes und schleppte mit mir das kleine Auto von Linz nach Wien ab. Auf der Autobahn musste der Mercedes bremsen und ich hinten drin im Goggomobil am Abschleppseil, trat auch auf meine Seilzugbremsen. Diese waren natürlich viel schlechter als die Mercedes-Bremsen. So war ich plötzlich auf gleicher Höhe mit dem großen Wagen. In panischer Angst versuchte ich mich bemerkbar zu machen, was mir schließlich doch noch gelang. So ist Gott sei Dank nichts passiert und mir blieben nur gute und schöne Erinnerungen an mein erstes Auto.

Dialekt und Austro-Pop

Mit 22 Jahren kam ich nach Tirol, habe dort meine Frau kennengelernt und durch sie den ORF-Moderator Ernst Grissemann. Er war es auch, der jahrelang mit seiner wunderbaren Stimme durch das weltberühmte Neujahrskonzert der Wiener Philharmoniker führte. Ungefähr 1964 ging er nach Wien, um dort den Radiosender Ö3 zu gründen und aufzubauen. Da sein Platz in Tirol beim ORF frei wurde, hat er mich dorthin als Sprecher vermittelt. Intendant Hans Hauser war ein Förderer von mir, so dass ich im ORF eine sehr gute Position hatte. Ich machte dort die populäre Wunschkonzertsendung „Tanzmusik auf Bestellung". Außerdem moderierte ich verschiedene Sendungen, arbeitete bei Hörspielen und satirischen Sendungen mit, wie zum Beispiel bei der Sendung „Spitzendekolletee" für Ö3, bei der Andree Heller mein Partner in Wien war. Eines Tages bekam ich die Aufgabe, die Sendung „Showchance" für die Bundesländer Tirol und Vorarlberg zu betreuen. „Showchance" war eine Sendung zur Förderung des Nachwuchses, ähnlich der heutigen Castingshows. Das Ganze wurde von Wien aus koordiniert, die Leitung dort hatte die bekannte Redakteurin Eva Maria Kaiser.

In Innsbruck hatte ich einen musikalischen Berater, Halef Krug. Er leitete später eine große Musikschule und unterrichtete an einem Gymnasium in Tirol, wurde der

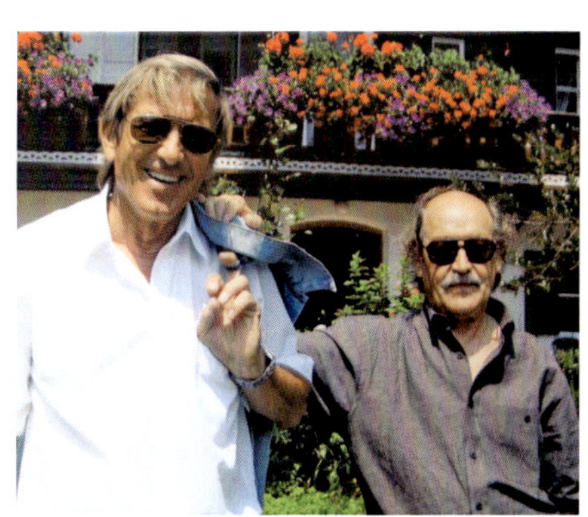

Mit Halef Krug, 2007

Verlagsleiter der „Schürzenjäger“ und arbeitet auch heute wieder musikalisch mit mir. Mit ihm saß ich oft zusammen und wir besprachen, was, wie und wen wir von den Bewerbern fördern sollten. Dabei kam mir eines Tages, weil ich ja selbst Sänger war, die Idee, Schlagermusik im österreichischen Dialekt zu versuchen.

Grundlage war für mich der Gedanke, dass der Vorteil der angloamerikanischen Songs zweifelsfrei die Weichheit der Sprache im Vergleich zur deutschen Sprache war. „I love you“ oder „I wanna go home“ klingt weich, rund und relaxed – im Gegensatz zu „Ich liebe dich“ oder „Ich möchte nach Hause“.

Im Dialekt klang das ganz anders: „I mog di“, „I steh auf di“ oder „I geh hoam“ klingt ebenso weich und relaxed wie in englischer Sprache. Ich erzählte als erstes Ernst Grissemann von dieser Idee. So etwas gab es in dieser Form, außer in der Volksmusik, bisher nicht. Er fand das sehr originell. Er meinte, dass ich mich vertrauensvoll an Eva Maria Kaiser wenden solle, er werde sie vorab informieren.

Da ich mich zu diesem Zeitpunkt als Sänger schon für eine andere musikalische Richtung entschieden hatte, wollte ich selbst keinen Dialektgesang. Also musste ich andere Sänger oder Gruppen finden, die meine Idee umsetzen sollten.
Ich sprach mit Eva Maria Kaiser. Sie bat mich, nach Wien zu kommen und organisierte eine Musikgruppe ins Funkhaus. Die Gruppe hieß „Worried men skiffle group“ und die Musiker waren zuerst ein bisschen skeptisch. Im Lauf des Gespräches kamen wir aber gemeinsam zur Erkenntnis, dass man es zumindest versuchen sollte. Der Knackpunkt waren natürlich die Texte. Um die wollte man sich zuerst kümmern. So sind wir auseinander gegangen.

Die „Worried men skiffle group“ hat Texte gefunden und mit dem Lied „Glaubst i bin bled“ gegen Ende der 1960er-Jahre den ersten Popsong im Dialekt produziert. Sie erzielten einen großen Erfolg damit. Ich war stolz, dass meine Idee so einschlug, umso mehr als dann zwei bis drei Jahre später Marianne Mendt mit ihrem Hit „Die Glockn“ nachzog.
Ich hatte da ein Kind auf die Beine gestellt, die „Worried men skiffle group“ hatte mit „Glaubst i bin bled“ den ersten Schritt gemacht, Marianne Mendt mit der „Glockn“ den zweiten Schritt.

Dann begann das Kind mit Ambros, Fendrich, Danzer, Falco und so weiter zu laufen, bis zum heutigen Tag.

Ich bin stolz, dass es meine Idee war, aus der der Austro-Pop und alles Nachfolgende jeglicher Art entstanden ist, auch wenn das manche Leute in Wien heute nicht mehr so sehen wollen!

Lotar Olias

Durch meine Frau Helga habe ich die Bekanntschaft von Ernst Grissemann, damals noch Redakteur und Sprecher beim ORF-Studio Tirol, gemacht. Durch Ernst kam ich zu meinem ersten Produzenten: Horst Heinz Henning, der auch Produzent von Mary Roos war. Durch Henning kam ich mit einem Lied von ihm zu Studio B. in Hannover. Dort sprach mich ein Herr Uhlemann an und stellte sich als Mitarbeiter von Lotar Olias vor.

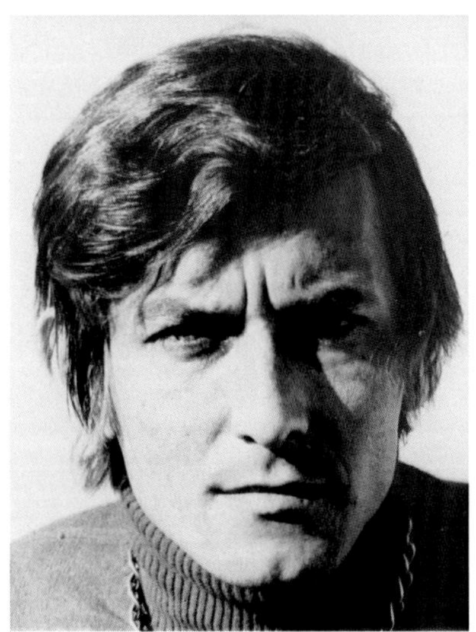

Pressefoto Teldec

Lotar Olias war mit Sicherheit einer der größten Liederschreiber und Schlagerkomponisten, die Deutschland je hatte. Er hat Lieder geschrieben, die man alle kennt: z. B. „Junge komm bald wieder“, „Die Gitarre und das Meer“, „Du du du (You you you)“ oder „So ein Tag so wunderschön wie heute“. Lotar Olias war mir bekannt als Komponist und Produzent von Freddy Quinn. Herr Uhlemann meinte, dass ich ein Typ wäre, der Lotar Olias interessieren könnte. Er gab mir seine Visitenkarte, bekam meine Telefonnummer in Innsbruck und damit begann alles.

Ein, zwei Monate später bin ich in Innsbruck mit meiner Familie umgezogen, also stimmte die Telefonnummer, die ich Herrn Uhlemann gegeben hatte, nicht mehr. Ungefähr ein halbes Jahr

später rief mich die Sekretärin des Esplanade Musikverlages in Hamburg an. Das war der Musikverlag von Lotar Olias und fragte, ob ich nicht Lust hätte, nach Hamburg zu kommen. Der große Lotar Olias würde mich gerne kennenlernen.
In der Zwischenzeit bekam ich mit, dass sich Freddy Quinn von ihm getrennt hatte und er nun einen Ersatz suchte. Ich flog aufgeregt nach Hamburg. Das war Ende der 1960er-Jahre. Geblieben bin ich fast dreißig Jahre.
Ich habe mich mit Lotar Olias gleich gut verstanden und habe ihm auch vertraut. Er sagte mir, was er vorhatte und bot mir sehr schöne Lieder an.
Wir haben einen Vertrag gemacht, wonach er 40 Prozent meiner Einkünfte erhalten sollte. Zum Vertragsabschluss flog ich nach Hamburg und nahm meine Frau Helga mit. Olias erklärte mir und meiner Frau, dass er aus mir einen Superstar machen wolle.

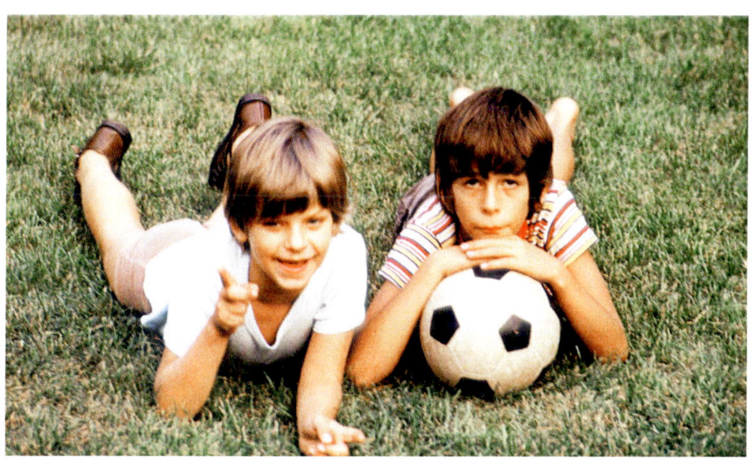

Andreas und Feri Michael 1972 in Hamburg

Er nahm meine Frau auf die Seite und meinte, die Ehefrau und die Kinder – ich hatte ja bereits meine beiden Söhne Feri Michael und Andreas – müssten für die große Karriere ein bisschen im Hintergrund bleiben. Wir beschlossen, dass ich zunächst allein nach Hamburg gehen und Helga mit den Kindern später nachkommen sollte. Ich nahm mir ein Zimmer bei Oma Beetz in Alsterdorf, nicht weit von der Wohnung von Lotar Olias und dem Musikverlag.

Nach einem Jahr holte ich Frau und Kinder nach Hamburg und wir mieteten ein Haus in Alsterdorf, in einer Straße mit dem schönen Namen Blaukissenstieg. Die erste Single brachte nicht den erhofften Erfolg, auch nicht die zweite und dritte. Dennoch kannte man innerhalb kurzer Zeit in Deutschland den Namen Jonny Hill, da meine Schallplattenfirma zusammen mit Lotar Olias sehr gute Promotionarbeit geleistet hatte.

Apropos Namen: Bevor die erste Single erschien, hatte mir Lotar Olias gesagt, dass für eine große Karriere ein Künstlername gefunden werden müsse. Das war bei Peter Alexander, Udo Jürgens, Freddy Quinn, Rex Gildo, Roy Black und vielen anderen der Fall. Also hatte er eine Liste mit Vornamen und Nachnamen gemacht. Bei den Vornamen standen Franky, Tommy, Jonny und Gary. Bei den Nachnamen hatte er sich von meinem richtigen Namen leiten lassen: Gill, Dill, Hill und Mill.

Er gab mir ein paar Tage Bedenkzeit und als ich eines Tages zu ihm kam und ihm mitteilen wollte, ich hätte mich für Tommy Hill entschieden, hielt er mir die erste Single entgegen und darauf stand: Jonny Hill. Ich machte dann meine ersten Fernsehauftritte bei „Vergissmeinnicht“ mit Peter Frankenfeld und der „Haifischbar“.
Aber der Erfolg, den sich Lotar Olias vorgestellt hatte, trat nicht ein. Die Presse begann, mich als zweiten Freddy zu beschreiben und Teldec, meine Schallplattenfirma, war auch nicht zufrieden mit den Umsätzen.

Für Olias war der Vertrieb am Misserfolg Schuld und so wurde nach einem Jahr die Schallplattenfirma gewechselt. Von Teldec ging es zu der neu gegründeten BASF-Schallplattenfirma. Während ich auf einer Tournee war, bat Lotar Olias meine Frau zu einem Gespräch zu sich nach Hause und meinte, dass es wohl für die Karriere ihres Mannes besser sei, sich von ihm zu trennen. Dies wies meine Frau als indiskutabel zurück.

Es dauerte noch ein Jahr, dann habe ich mich von Lotar Olias, leider nicht im Guten, getrennt. Trotzdem muss ich sagen, dass ich sehr viel von ihm gelernt habe, ihn für einen großen Künstler halte und ihm sehr viel verdanke.

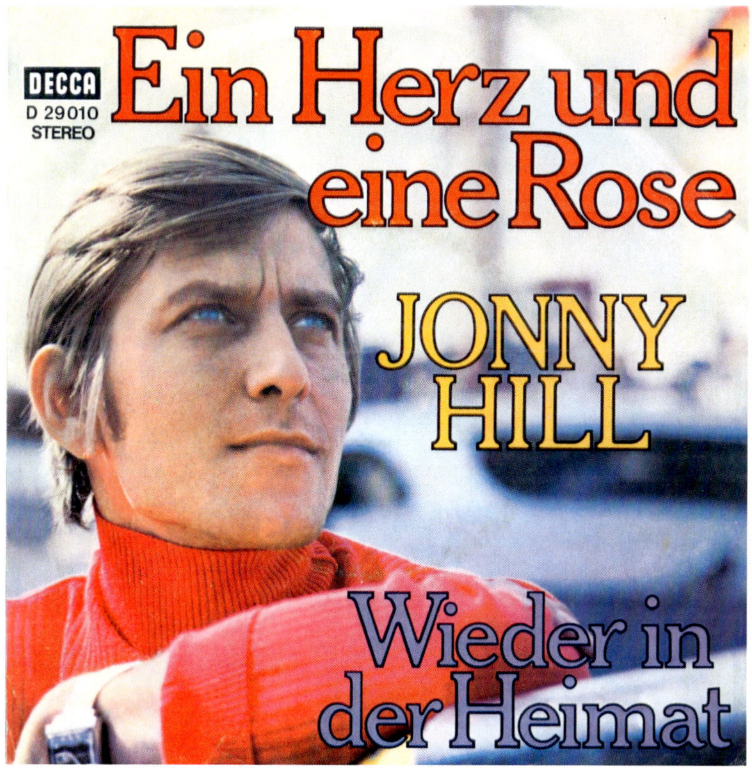

Meine erste Single

Komponist und Texter

Als ich nach Hamburg zu Lotar Olias kam und von ihm, der ja nur reiner Komponist war, immer hörte, dass er gute Texte suche, setzte ich mich halt irgendwann hin und versuchte, auch einen Schlagertext zu schreiben. Um es gleich vorwegzunehmen: Er hat nie einen Text von mir genommen. Er hat alle Texte, die ich damals versuchte, abgelehnt. Aber er war so fair und klug, mir an jedem meiner Versuche die Fehler und Schwächen aufzuzeigen.

Erst als ich mich von ihm getrennt habe und mir Christian Bruhn, heute im Vorstand der GEMA, damals Komponist, Ehemann von Katja Ebstein und mein Produzent, die Chance gab, einen Titel von mir aufzunehmen, kam ich zu meiner ersten Veröffentlichung „Reich dem andern die Hände".

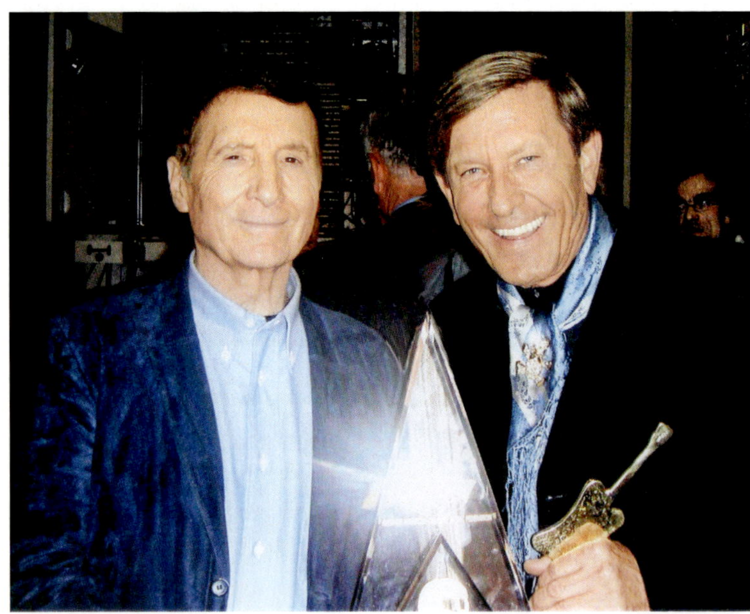

Mit Freddy Quinn beim Country-Award in Erfurt

Im Lauf der Jahre sind es über 600 Lieder geworden, die ich für mich oder andere geschrieben habe. Ein paar Beispiele: Für Freddy Quinn „Und dann gehst du alleine nach Hause“ und „Im Supermarkt gleich nebenan“. Für Willy Millowitsch „Komm gib mir mal das Schlüsselchen“. Ich habe für Dorthe, Tommy Steiner, Linda Feller, Tom Astor, für fast alle deutschsprachigen Countrysänger geschrieben, für Francine Jordi und für sehr viele Volksmusikanten und natürlich für mich selbst.

Vier möchte ich dabei besonders hervorheben: Hildegund Carena mit dem „Schweinetango“, den auch Didi Hallervorden als „Tierischer Tango“ veröffentlichte und Helga Feddersen und Karl Dall sangen von mir „Ich mag so gerne Dicke“.

So schön ist Kanada

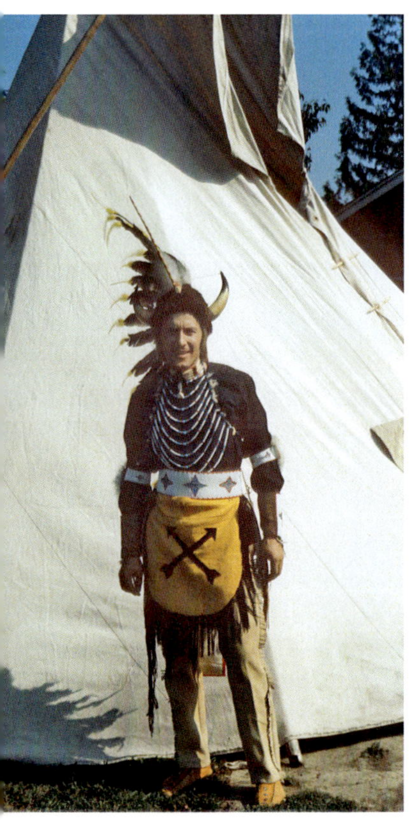

Als Häuptling „Blaue Feder“

Irgendwann zu Beginn der 1970er-Jahre habe ich einen Song mit dem Titel „So schön ist Kanada“ aufgenommen. Es war ein flotter, fröhlicher Titel, der in Hitparaden der Rundfunksender und im Fernsehen sehr gut lief. Aber zu meiner Überraschung wurde dieses Lied ein viel größerer Hit in Kanada selbst. Eines Tages bekam ich einen Anruf aus dem fernen Land. Ich wurde nach Toronto eingeladen, um dort bei einem großen Fest mein Lied zu singen. Erst hielt ich das Ganze für einen Scherz, aber als mir das Flugticket und der Vertrag auf den Tisch flatterten, wurde es ernst. In Toronto, vor 15.000 Menschen, wollten vor allem die deutsch-kanadischen Freunde immer wieder „So schön ist Kanada“ hören.

Ich tourte bei diesem ersten Besuch durch alle Städte rund um Toronto und wurde wie ein Superstar gefeiert. Im nächsten Jahr war es dasselbe und es änderte sich auch in den Jahren darauf nichts.

„So schön ist Kanada“, das Lied, das ich so oft in Toronto und Umgebung singen musste, war mit der Zeit zu einer Art deutsch-kanadischen Nationalhymne geworden, das bei jeder passenden und unpassenden Gelegenheit gesungen und gespielt wurde.

Natürlich war ich stolz darauf, aber es war doch sehr anstrengend, wegen zwei, drei Tagen von Deutschland nach Kanada zu fliegen und wieder zurück. Das änderte sich, als ich eine Einladung nach Vancouver bekam. Dort war das Lied auch angekommen. Das Besondere war allerdings, dass ein ansässiger Indianerstamm mich mit einer Ehrenhäuptlingswürde feiern wollte. Das ließ ich mir nicht zweimal sagen.

Also wurde wieder alles organisiert und es ging nach Kanada, diesmal direkt in die Provinz British Columbia nach Vancouver, dieser herrlichen Stadt an der Westküste Kanadas, am Pazifik und am Fuße der Rocky Mountains. Auch hier in Vancouver gab es viel Show, viel Presse und dann ging es in die nahen Berge. Eine große Zeltstadt, wie im Film, aber es war die Wirklichkeit. Ich wurde von den Indianern herzlich aufgenommen und durch verschiedene Wigwams geführt, zuletzt zum Häuptling. Am Abend wurde ich dann bei einem großen Lagerfeuer ganz feierlich zum Ehrenhäuptling „Blaue Feder" ernannt.

Natürlich gab es auch ein paar kleine Schwierigkeiten wie etwa das Essen. Es wurde aus einem Topf mit den Fingern eine Art Hirsebrei gegessen. Da fiel schon einmal einem alten Indianer ohne Zähne etwas aus dem Mund zurück in die Schüssel, aber ich habe es überstanden. Dann musste ich das Lied „So schön ist Kanada" ungefähr 30 Mal an diesem Abend mit der Gitarre singen. Die Indianer samt Frauen und Kinder haben sich krumm gelacht, weil sie kein Wort verstanden haben, aber es unbedingt lernen wollten. Immer wieder haben sie versucht, den deutschen Text mitzusingen. Der Häuptling stellte mir seine fünf Töchter vor. Er fragte mich mehrmals ganz scheinheilig, ob mir denn eine gefallen würde. Es war nicht ganz einfach, ihn nicht zu beleidigen, ihm aber trotzdem zu sagen, dass ich in Deutschland schon eine Squaw habe und mit der sehr zufrieden sei. Ich rauchte mit meinen roten Brüdern die Friedenspfeife, die mir der Bruder des Häuptlings geschenkt hatte. Unsere Feier ging bis in die Morgenstunden. Es wurde auch gutes altes Feuerwasser getrunken – nicht gerade wenig!

Leider ist mir der wunderbare Federschmuck, den ich bekommen habe, auf der Heimreise abhanden gekommen. Er wurde mir aus dem Gepäck gestohlen, ebenso wie mein teurer Fotoapparat.

Viele Jahre später saß ich eines Abends in Hamburg vor dem Bildschirm und sah in der ARD die Nachrichten. Es lief ein Bericht über Kanada. Der damalige deutsche Bundeskanzler Helmut Schmidt war dort gerade auf Staatsbesuch. Zu seinen Ehren sang ein kanadischer Kinderchor mein Lied „So schön ist Kanada".

Dalli Dalli

Quizmaster Hans Rosenthal hatte Zuschauer aufgefordert, Texte für Schlager zu schreiben. Etwa 50.000 Einsendungen kamen zum Sender, daraus suchte eine Jury die 10 besten aus. Dann wurden 10 namhafte, erfolgreiche Komponisten beauftragt, die Musik dazu zu komponieren. Einer dieser Musiker war mein damaliger Produzent Hans Georg Moslener. Der Text, den er bekam, hieß: „Ich fahr Taxe“. Die Geschichte
bestand aus drei Strophen und natürlich einem Refrain. In der ersten Strophe passierte etwas am Morgen, in der zweiten mittags und in der dritten am Abend. Ich sang den Song ein paar Mal im Studio und studierte mir dann den Text ein, denn ich sollte dieses Lied bei „Dalli Dalli“ mit dem Jochen Brauer Sextett live vor 20 Millionen Zuschauern singen. Bei der Generalprobe lernte ich den Texter kennen und der war mächtig stolz, dass sein Lied nun im Fernsehen präsentiert wurde.

Es kam die Live-Sendung. Ich hatte wie immer unglaubliches Lampenfieber. „Und nun singt für Sie Jonny Hill das Lied „Ich fahr Taxe“. Ich also raus auf die Bühne und sehe in der ersten Reihe den Texter.
Aus irgendeinem Grund verunsicherte mich das einen Augenblick. Ich begann nicht mit der ersten Strophe, sondern mit der Dritten. Da wusste ich sofort, dass mir die Erste niemals mehr einfällt. Ich war in diesem Moment total fertig, schwitzte wie in einer Sauna. Während ich den Refrain automatisch sang, dachte ich verkrampft nach, was zu tun sei. Die mittlere Strophe fiel mir ein, dann kam der zweite Refrain und danach war der Augenblick der Wahrheit gekommen. Da ich keinen Text mehr hatte, begann ich einfach zu sprechen und erzählte: „Abends kurz vor sechs sprang ein Mann ein zweites Mal in meinen Wagen und

ich fuhr ihn dorthin, wo er hin musste, denn so ein Taxifahrer, der hat es schwer, ja verdammt schwer.“ Damit war das originelle Lied vermasselt.
Der rettende Refrain kam und ich verabschiedete mich mit Applaus und hochrotem Kopf vom Publikum. Ich war fix und fertig.

Hinter der Bühne nahm mich als erstes Waltraut Haas in den Arm und meinte beruhigend: „Jonny, das hat niemand bemerkt.“ Auch ein paar aufmunternde Worte von Hans Rosenthal konnten nichts ändern. Ich habe mich gleich nach der Sendung bei dem Texter entschuldigt, aber mir war klar, dass ich ihm seinen Originaltext teilweise zerstört hatte.

Meine Frau Helga empfing mich zu Hause mit den Worten: „Ich habe sofort gewusst, dass irgendetwas nicht stimmt. Als du zu sprechen begonnen hast, bin ich vor Scham unter den Couchtisch gerutscht!“ Also auch da kein richtiger Trost!

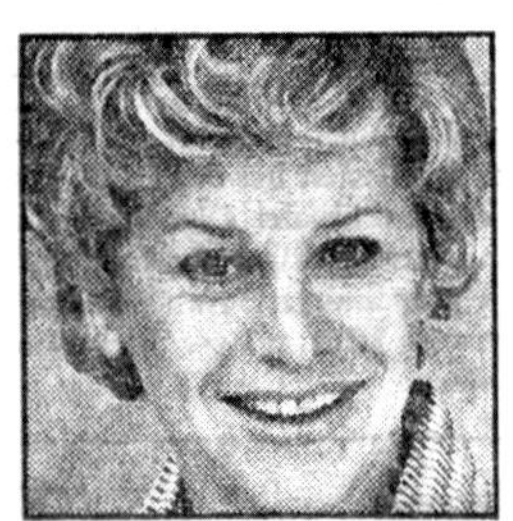

Waltraut Haas

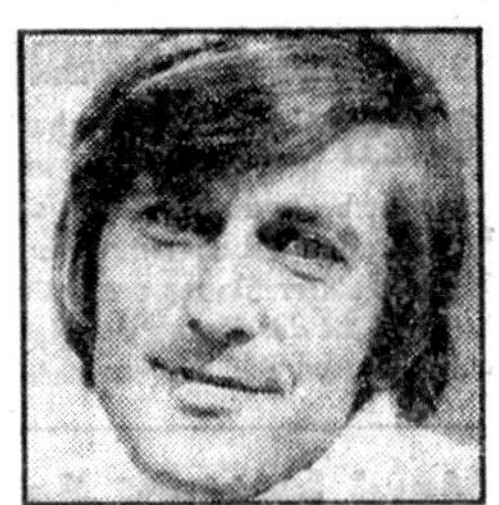

Jonny Hill

Dalli, dalli!

2

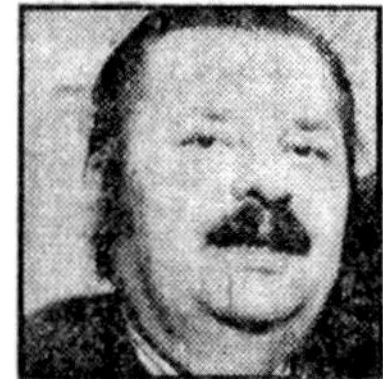

Ekkehard Fritsch

20.15 Prominente Kandidaten im Schnelldenker-Quiz bei Hans Rosenthal sind diesmal: Edith Hancke, Jürgen Hehn, Heinz Holecek, Gabriele Monath, Erhard Wunderlich, Franziska Oehme und Ilse Pantschier. Als Gäste treten auf: Waltraut Haas, Jonny Hill, Holger Ungerer, Peter Machac und Ex-Jury-vorsitzender Ekkehard Fritsch.

Artikel in der Kronenzeitung

Ruf Teddybär 1-4

RCA war die Schallplattenfirma von Elvis Presley, in der Zeit vom 17. April 1975 bis 31. Dezember 1982 auch meine Firma. Es war ungefähr Ende 1978 / Anfang 1979, als der Direktor von RCA, mit dem ich mittlerweile befreundet war, zu mir sagte, ich solle doch einmal ein Album mit den besten Countrysongs in deutscher Sprache machen. Ich hatte ihn in all den Jahren immer wieder genervt und wollte unbedingt so ein Album machen, weil ich der Meinung war, dass erstens die Zeit reif war und ich mich zweitens musikalisch eindeutig in Richtung Country entwickelt hatte.

Also begann ich, das Material, das es auf dem Markt gab, zu sichten und mir die Titel und Songs herauszusuchen, die mir persönlich sehr gut gefielen. Es waren Songs wie „Green green gras of home“, „Detroit City“, „Ring of fire“, „Some broken

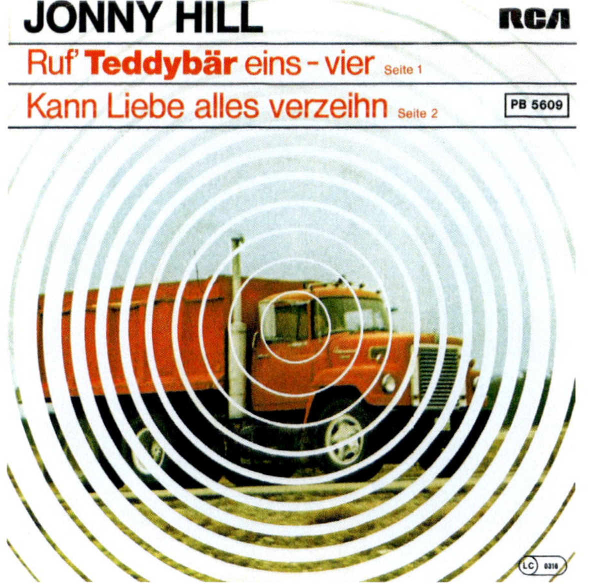

hearts never mend“, „Oh my darling Clementine“, „Yellow Rose of Texas“, um nur einige zu nennen. Alle die Lieder, die ich im Original heraussuchte, waren bei uns als Country-Klassiker bekannt und beliebt. Aber es gab teilweise keine deutschen Texte und wenn, dann meist keine sehr guten Übersetzungen. Also machte ich mich an die Arbeit und schrieb viele neue deutsche Texte. Auf einmal hieß es von seiten der Firma, dass nicht nur zwölf Countrysongs, sondern ein Doppelalbum produziert werden sollte.
Das hieß für mich, wieder auf die Suche zu gehen, wieder neue Texte zu schreiben. Also besorgte ich mir verschiedene LPs, um dort die besten Countrysongs zu finden, die ich dann in deutscher Sprache machen wollte oder sollte. Beim Hören solch einer LP stieß ich auf ein Lied, das mir unter die Haut ging. Der Text war sehr schwer zu verstehen, weil der Sänger einen sehr starken texanischen Dialekt hatte. Ich fand die Idee sehr berührend und beschloss, für mich eine ähnliche Geschichte zu schreiben.

An einem heißen Julitag habe ich mich hingesetzt und die Geschichte nach meinem Empfinden verfasst. Ich glaube, dass mir dabei jemand die Feder geführt hat. Mein Co-Produzent und Komponist Hans Georg Moslener machte eine wunderbare Musik dazu. Nachdem die Produktion fertig war, habe ich die Lieder meiner Schallplattenfirma vorgespielt. Die meisten Mitarbeiter von RCA haben die Erfolgsaussichten von „Ruf Teddybär 1-4“ nicht erkannt und wollten das Lied auch nicht als Single veröffentlichen. Erst der Druck der Menschen, die mein Lied von dem kleinen Jungen und dem LKW-Fahrer bei Radio Luxemburg – der einzige Sender, der es spielte – gehört hatten, brachte die RCA dazu, eine Single zu veröffentlichen.

Dann kam die ZDF-Hitparade und der Riesenerfolg war nicht mehr aufzuhalten.

Am 1. April 1980 war „Ruf Teddybär 1-4“ in Deutschland die Nummer 1.

Ich weiß, dass ich seit über dreißig Jahren viele Menschen in ihren Herzen berührt und viele dabei zu Tränen gerührt habe.

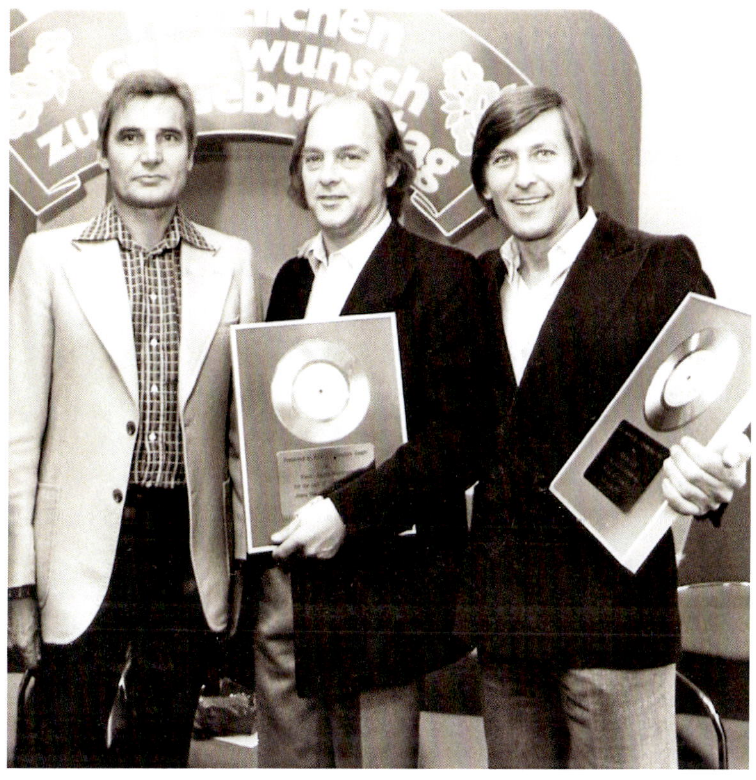

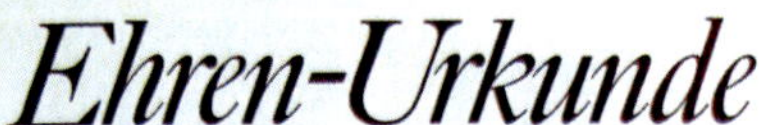

Ehren-Urkunde

Dem Sänger von Western-, Volks-, Seemanns-
und neuerdings auch Brummi-Liedern

Jonny Hill

wird der Titel „Fernfahrer h. c." verliehen.

Der so als Brummi ehrenhalber ausgezeichnete Sänger und Komponist hat mit dem Titel „Ruf Teddybär eins-vier" mehr als einen Hit gelandet. Er schildert in diesem Lied nicht das Klischee der harten Burschen am LKW-Lenkrad auf ihren Straßen der Einsamkeit, sondern er läßt einen Brummer-Kapitän stellvertretend für alle sein Herz sprechen und ihn entsprechend handeln. Jonny Hill weiß als ehemaliger Fernfahrer und Käpt'n mot., wovon er singt: „Damals habe ich dufte Kumpels kennengelernt. Kein Wunder, daß ich ihnen verbunden bin und ihre Gefühle ausdrücken kann".
„Gut so und weiter so, Jonny!"
meint Brummi dazu im Namen aller LKW-Kapitäne.

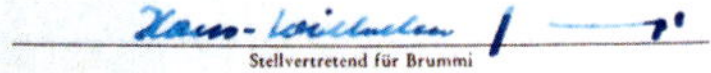

Stellvertretend für Brummi

Frankfurt/Main — September 1979

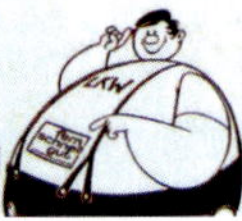

Diese Urkunde hat mich wirklich nicht eingebildet gemacht, aber ein klein wenig stolz und sehr glücklich!

Mit Gerhard Berger unterwegs

Ich bin zwar in Graz, in der Steiermark, geboren, habe aber viele wichtige Jahre meines Lebens in Innsbruck verbracht. Ich gestaltete und moderierte dort beim Österreichischen Rundfunk (ORF) die Sendung „Tanzmusik auf Bestellung". So ist es natürlich nicht weiter verwunderlich, dass ich dort viele Freunde aus dieser Zeit hatte und noch immer habe.

Als nun der ORF auch in den Bundesländern eigene Fernsehprogramme produzierte, kam man auf die Idee, mich als einen der ersten Künstler einzuladen. Der Redakteur suchte nur noch eine geeignete Story für die Fernsehpräsentation. Wir redeten über die Autobahnproteste, über den Schwerverkehr und dessen Probleme. Schließlich wurde ich gefragt, ob ich auch einmal einen LKW gefahren hätte. Das musste ich zu seiner Verwunderung verneinen, denn ich habe gar keinen Führerschein dafür und bin auch noch nie länger mit einem LKW mitgefahren.
Der Redakteur reagierte schnell und meinte, dem könne abgeholfen werden. Wir würden einfach eine LKW-Fahrt mit dem Formel 1-Fahrer Gerhard Berger machen. Dieser besaß ein Transportunternehmen in Tirol. Ich war begeistert: Endlich lernte ich einen der besten Autorennfahrer der Welt kennen. Es wurde telefoniert und auch ein geeigneter Termin gefunden.

Ich traf Gerhard Berger und er fuhr mit mir für die Fernsehaufzeichnung mit einem Riesen-Truck sicher durch Tirol. Dabei erzählte ich ihm meine Geschichte von „Ruf Teddybär 1-4", die ihn tief beeindruckte.
Wenn ich ihn heute im Fernsehen sehe, muss ich immer daran denken, wie er sich neben mir verstohlen eine Träne aus dem Auge gewischt hat.

Unsere Hunde

Wir hatten zu Hause bei meinen Eltern immer Tiere. Hunde, Katzen, Meerschweinchen, Vögel. Meine Eltern legten viel Wert darauf, dass wir Kinder mit Tieren aufwuchsen. So war es also klar, als wir später selbst Kinder hatten, dass auch diese mit Tieren aufwuchsen.
Helga und ich entschieden uns für Boxer und hatten als Ersten unseren Alfi.

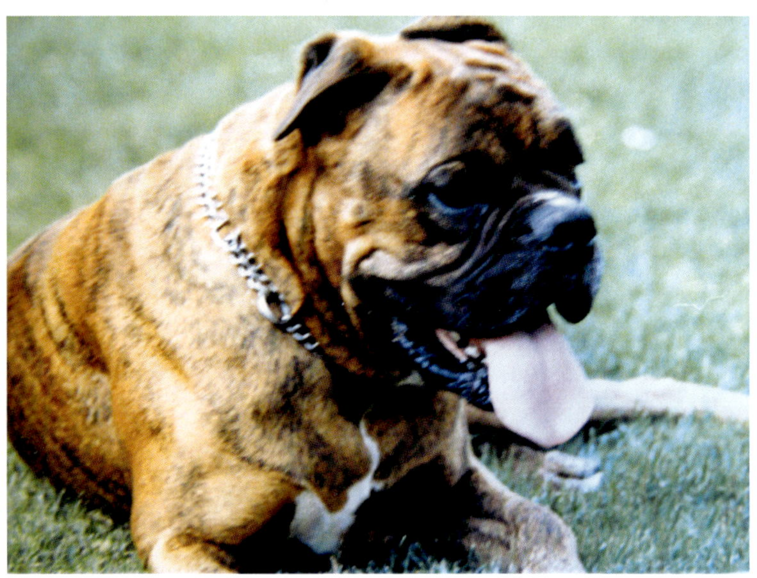

Unser Hund „Alfi“

Alfi war der gutmütigste Boxer, den man sich vorstellen kann, aber er sah furchterregend aus. Er hatte einen großen Kopf und einen starken Überbiss. Für Alfi gab es nur einen einzigen Gegner und Feind: den Pudel!
Nichts konnte ihn aufhalten, wenn in unserer Straße ein Pudel erschien. Der Pudelbesitzer hatte nur eine einzige Chance: seinen

Hund nehmen und ihn über einen Zaun in einen anderen Garten werfen. Gott sei Dank ist nie etwas passiert, alle kamen mit dem Schrecken davon.

Irgendwann waren Helga und ich in einer Kneipe essen und sahen dort zum ersten Mal Lady. Im Gegensatz zu unserem gestromten Alfi war Lady blond, schlank und zierlich. Sie wirkte in dem Lokal, wo sie gerade unter der Theke lag, etwas eingeschüchtert. Wir erfuhren, dass die Besitzerin den Hund den ganzen Abend in den Keller sperrte. Schon am ersten Abend habe ich mich darüber aufgeregt. Als ich wieder einmal dort war, sagte ich zur Besitzerin: „Wenn du den Hund wieder in den Keller sperrst, nehme ich ihn dir weg.“ Sie lachte nur und sagte: „Nimm ihn doch.“ Von dem Augenblick an hatten wir zwei Hunde.

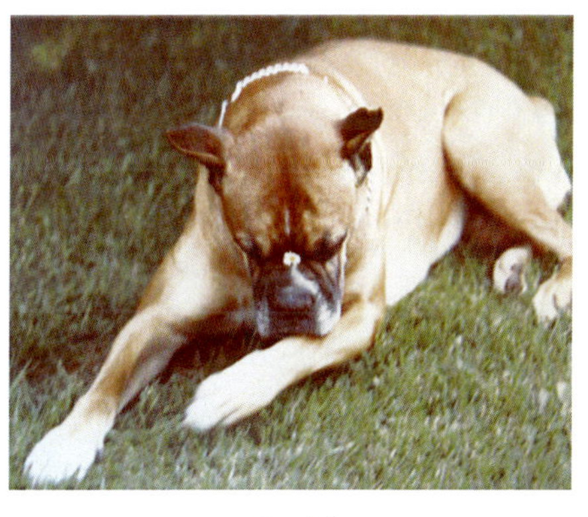

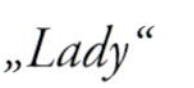

„Lady“

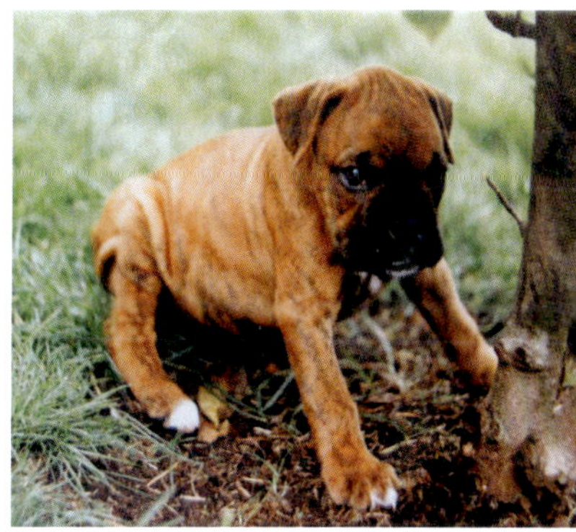

„Arco“

Die Arbeit hatte natürlich Helga, da ich die Hunde auf Tournee nicht mitnehmen konnte. Sie versorgte die beiden von morgens bis abends. Pflegen, waschen, füttern und spazieren gehen. Dann kam, was kommen musste: Lady wurde trächtig. Der Tierarzt sagte das Datum ziemlich sicher voraus und so fuhren wir in den Urlaub. Gute Freunde hüteten das Haus. „Keine

Sorge, wir sind rechtzeitig wieder da“, sagten wir noch zum Abschied. Denkste!

Eines Tages bekamen wir einen Anruf: Wir hätten jetzt 12 Boxer. Als wir heimkamen, sahen wir die entzückende Bescherung. Niemals hätte Helga es zugelassen, wegen der Zuchtbestimmungen auch nur einen der drolligen Kerle töten zu lassen. Meine Frau war es, die die Hunde mit der Flasche aufzog, weil die Mutter dem Ansturm ihrer hungrigen Kinder nicht gewachsen war. Wir haben alle Tiere gesund durchgebracht und fanden für alle, außer für einen, wunderbare Plätze. Dieser eine hieß Arco und blieb bei uns.

Wir verlebten wunderbare Jahre mit den drei Boxern. Aber eines Tages war es halt dann soweit, dass Alfi alt und krank wurde und der letzte Weg zum Tierarzt bevorstand. Das gleiche geschah kurz darauf mit Lady, ein paar Jahre später auch mit Arco. Das Unglück wollte es, dass ich immer dann, wenn es mit unseren Tieren soweit war, irgendwo unterwegs war und meine Frau den bitteren Weg allein gehen musste. Dreimal war es so, und ich möchte ihr heute nochmals dafür danken.

Ein zu großer Bissen

Eine Macke von mir ist, dass ich meistens viel zu schnell esse, kaum kaue und alles was sich im Mund befindet, hinunterschlinge. Das klingt fürs erste sehr kannibalisch oder animalisch. Natürlich habe ich als Kind gelernt, alles gut zu kauen und dann erst hinunterzuschlucken, nicht zu große Stücke in den Mund zu nehmen. Aber wahrscheinlich ist das eine Art von Hospitalismus. Als Kind der Nachkriegsgeneration – schwierige Zeiten, zwar nie gehungert, aber doch nicht genügend zu essen – habe ich mir diese Unart angewöhnt.

Das ging jahrelang gut, bis ich einmal bemerkte, dass ein zu großes Stück am Ende der Speiseröhre hängen blieb und ich mich verbiegen und verdrehen, pressen und drücken und immer wieder schlucken musste, bis der Brocken in den Magen rutschte. Im Lauf der Zeit passierte dies ab und zu, doch ich hatte es eigentlich ganz gut im Griff, bis zu der Fernsehsendung „Grand Prix des deutschen Schlagers“ mit Dieter Thomas Heck, die live aus Offenburg übertragen wurde. Mark Bender, ein Countrysänger aus Bayern, hatte mit „Der Regenmann“ ein sehr schönes Lied geschrieben und mich als Interpreten vorgeschlagen. Ich kam in Offenburg am frühen Nachmittag an und hatte seit frühmorgens noch nichts gegessen. Zwischen Stellprobe und Generalprobe bestellte ich mir ein Rumpsteak und begann, dieses auch unter Zeitdruck ganz schnell zu essen.
Der alte Fehler: Ein Stück war zu groß und blieb am Ende der Speiseröhre stecken. Zuerst versuchte ich, wie schon so oft, das Stück Fleisch durch Körperbewegung weiter zu transportieren. Es half nichts. Dann ging es auf den Parkplatz. Dort krümmte ich mich wie ein getretener Wurm, machte Sprünge, lief schnell und langsam über den Parkplatz, hängte mich an eine Teppichstange. Nichts half.

Kollegen, die vorbeikamen und mich sahen, konnten nicht begreifen, was sie da sahen. Mittlerweile hatte die Generalprobe begonnen. Ich absolvierte diese mit dem steckengebliebenen Stück Steak. Ich versuchte es mit Trinken und anderen Speisen, z. B. mit Reis, doch alles kam wieder hoch. Im Hotel war eine Beauty- und Gesundheitsabteilung. Ich ging dorthin und zufällig war ein Arzt da. Als erstes bekam ich krampflösende Mittel, doch ohne Ergebnis.

Dann kamen wir auf die Idee, dass ein Kopfstand helfen könnte. Vergeblich.
Mark Bender, 1,90 Meter groß, packte mich an den Beinen und schüttelte mich mit dem Kopf nach unten. Das Fleischstück blieb dort, wo es war. Meine Nervosität hatte den Grad der Unerträglichkeit erreicht.

Es war 20.15 Uhr und die Sendung ging los. Ich hatte alle Versuche aufgegeben. Der Speichel im Mund, mehr als normal, rann Gott sei Dank in den Magen und ich habe die Live-Sendung sehr gut überstanden. Ich glaube, dass niemand von den Zuschauern etwas bemerkt hat. Gleich nach der Sendung, kurz vor Mitternacht, bin ich in Offenburg ins Krankenhaus gefahren. Dort hat man mir unter Narkose mit einem Schlauch das kleine Stück Rumpsteak in den Magen befördert. Gefährlich war es deshalb, weil eine Verletzung der Speiseröhre oder des Magens eine Notoperation erfordert hätte.

Doch alles ist gut gegangen. Ich habe zwar spät, aber doch noch, gelernt, vernünftiger zu essen und bin bis heute vor einer ähnlichen Situation verschont geblieben.

Übrigens: Lange nach Mitternacht habe ich mit großem Appetit eine Riesenportion Eis vertilgt.

Kenny Rogers

Am Anfang der 90er-Jahre war ich ein paar Mal in der Show „Der große Preis" von Wim Thölke im ZDF aufgetreten. Es war sehr erfolgreich, außerdem konnte ich immer mit meiner eigenen Band singen. Auf dem Heimweg von einem Country Festival hörte ich im Radio, dass Kenny Rogers nach Deutschland kommen sollte. Den musst du sehen, hab ich mir gedacht und gleich bei „Lucille", das im Radio gespielt wurde, mitgesungen. Nach ein paar Tagen hatte ich das Ganze schon wieder vergessen.

Rund einen Monat später rief das ZDF bei mir an und fragte, ob ich für einen bestimmten Termin zu einem weiteren Auftritt im „Großen Preis" frei wäre. An diesem Tag war ich, meinem Terminplan entsprechend, eigentlich für eine Woche in Spanien auf Urlaub. Ich wollte beinahe schon absagen, als die Sekretärin, mit der ich sprach, meinte, Kenny Rogers käme aus Amerika. Ich hörte den Namen Kenny Rogers und für mich war alles klar. Spanien konnte warten, aber niemals das ZDF und Kenny Rogers. Ich sagte natürlich sofort meinen Spanienurlaub ab und freute mich schon riesig auf den Sendetermin.

Endlich war es soweit, ich kam nach Berlin ins ZDF-Studio und sah auch gleich den großen Country Star. Er war ein bisschen müde von der langen Reise, aber ich habe mich mit ihm sehr gut unterhalten. Er interessierte sich für die Country-Szene hier bei uns und meinte, dass auch die Schweiz einen sehr guten Ruf in Sachen Country hat. Ich hatte mehrmals die Gelegenheit, mit ihm zu sprechen. Als ich ihm erzählte, dass ich auch seinen großen Hit „Lucille" auf Deutsch gesungen habe, bat er mich um eine Aufnahme davon.

Er sang in dieser Sendung den Titel „What I did for love“. Ich habe diesen Song später mit einem deutschen Text gesungen: „Meine Liebe lebt“.
Ich bin stolz, dass ich diesen bescheidenen und großartigen Künstler persönlich kennenlernen durfte.

Gefahr im Paradies

In den 1980er-Jahren bekam ich eine Einladung nach Australien, um dort für die vielen deutschsprachigen Bürger zu singen. Australien ist weit von uns weg. Trotzdem hatte es einen unglaublichen Reiz, diesen Kontinent zu besuchen. Ich hatte mich gut vorbereitet, dann war es auch schon so weit: Die lange Reise ging los. Erst ging es nach Dubai, anschließend umsteigen nach drei Stunden Wartezeit. Weiter nach Kuala Lumpur. Dort war die Maschine, mit der wir weiterfliegen sollten, natürlich schon weg. Also weitere vier Stunden am Flughafen, ohne den Raum zu verlassen, in dem wir warten mussten. Es kam die Hiobsbotschaft: Der Flug ging nicht nach Adelaide, unserem Endziel, sondern zuerst nach Melbourne und nach weiteren zwei Stunden Aufenthalt endlich nach Adelaide.

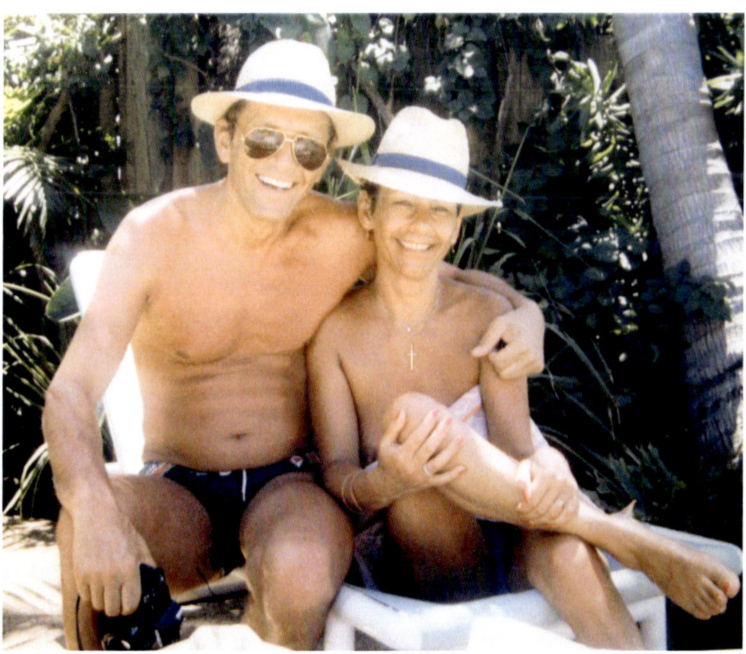

Gut angefangen hatte diese Reise nicht, aber als wir endlich da waren, war fast alles schon wieder vergessen.
In Adelaide waren wir in einem wunderbaren Hotel untergebracht und Australien zeigte sich von seiner schönsten Seite. Das Wetter war herrlich und wir hatten Zeit, uns die Stadt und die Umgebung anzusehen. Der Galaabend war ein toller Erfolg. Neben meinen Seemannsliedern, die das Publikum als Gruß aus der alten Heimat hören wollte, sang ich auch meine Country Songs. Diese wurden zwar wegen der englischen Sprache etwas skeptisch aufgenommen, aber mit „Green Green gras of Home" habe ich die Herzen der Menschen dort erreicht und berührt.

In der Umgebung von Adelaide gibt es viele Clubs, die von Deutschen, Österreichern und Schweizern besucht werden. Ich habe als Erstes bemerkt, dass es soweit von zu Hause entfernt kaum Berührungsängste zwischen den verschiedenen Auswanderern gab. Die gemeinsame deutsche Sprache, mit der man sich neben Englisch verständigen konnte, ließ die Menschen zusammenwachsen und zusammenhalten.
Ich fand das bemerkenswert und ganz wunderbar.
In jedem Club bin ich aufgetreten und habe die Freude des Publikums genossen. 14 Tage bin ich dort geblieben und habe mir noch Melbourne angesehen. Durch die Klimaanlagen in jedem Hotel, in jedem Restaurant und in jeder Kneipe habe ich eine solch starke Erkältung bekommen, dass ich einen Arzt aufsuchen musste. Dieser Doktor war ein Wiener, der vor vielen Jahren ausgewandert war. Er hatte seine Freude daran, wieder einmal einen Landsmann zu treffen. Er hat mir sehr geholfen und ich bin ihm heute noch dankbar für die vielen Ratschläge, die er mir in Bezug auf Australien für den Rest meiner Reise mit auf den Weg gab. Ich hatte noch gut zehn Tage Zeit und er gab mir den Tipp, am besten in den Norden zu fliegen, auf eine Insel im Barriereriff. Das musste ich meiner Frau nicht zweimal vorschlagen.

Schnell war ein Reisebüro gefunden und wir bekamen einen Geheimtipp: Hamilton Island, ein kleines Ressort mitten im Riff. Zehn Tage Luxusurlaub zu einem dementsprechenden Preis. Da ich aber eine gute Gage für meine Auftritte erhalten hatte, war ich der Ansicht, dass wir das Geld nicht wieder mit nach Europa nehmen, sondern den Urlaub buchen sollten.
Auf dieser wunderbaren Insel gab es nur ein Urlaubsressort und ein kleines Privatgrundstück. Besitzer war Ex-Beatle George Harrison, der sich darauf gerade ein Haus baute. Natürlich bin ich ein paar Mal dort vorbeigefahren, denn ich hoffte, meinen großen Kollegen einmal zu sehen. Aber George war zu diesem Zeitpunkt nicht da. Wir bewohnten einen kleinen Bungalow und genossen die Tage am Wasser, flogen mit einem Helikopter hinaus ins Riff, um zu schnorcheln. Wenn man es nicht selbst gesehen hat, kann man kaum glauben, was da unter Wasser alles zu entdecken ist, welche Farbenpracht dort wartet.

Wir lernten bei dieser Gelegenheit sehr nette Australier kennen und verabredeten uns für den nächsten Tag am Strand. Hier waren wir die einzigen, die ins Wasser gingen. Wir wunderten uns zuerst ein wenig darüber, haben dem aber weiter keine Bedeutung beigemessen. Ich schwamm mit Helga immer knapp über dem Riff. Einmal nahm ich für die Fische ein Stück Brot mit hinaus und begann, diese damit zu füttern. Das hätte ich lieber nicht tun sollen, denn plötzlich war ich von vielen Fischen umgeben und wurde von einem langen, dünnen Fisch unter dem Arm gebissen. Ich bekam Panik und versuchte, so schnell wie möglich wieder ans Ufer zu kommen. Dabei schrammte ich mit meinem Allerwertesten beim Umdrehen über die scharfen Korallen und verletzte mich ganz schön. Helga wusste erst gar nicht, was ich hatte, denn ich schrie nur und bin so schnell wie möglich aus dem Wasser heraus. Sie kam kaum hinterher, aber der Schreck war mir zu sehr in die Glieder gefahren. Es stellte

sich aber Gott sei Dank bald heraus, dass der Fisch, der mich gebissen hatte, mich nur gezwickt hatte und ganz harmlos war. Er hatte einfach nur Hunger.
Die Schmerzen haben ein paar Tage angehalten, aber ich habe es überstanden.
Bevor wir am Abend in unseren Bungalow zurückgingen, fragte ich den Mann, der am Strand die Badetücher verteilte, warum denn so wenig Menschen ins Meer gingen und alle nur am Pool lägen. Er meinte ganz trocken, dass dies wegen des Stonefisches, wegen der Seeschlangen und letztlich auch wegen der Nesselquallen sei. Na ja, wir sind dann nicht mehr ins Meer gegangen und haben die restlichen Tage am Pool verbracht. Die Zeit verging wie im Flug, irgendwann hieß es Abschied nehmen von dieser herrlichen Insel.

Als wir zu Hause ankamen, schaltete ich den Fernseher an und wollte natürlich wissen, was es in der guten alten Heimat Neues gab. Auf einmal sah ich einen Bericht über Australien. Nicht über das schöne Land, sondern über die tödlichen Gefahren im großen Barriereriff. Ich rief meine Frau und wir starrten auf das, was wir da auf dem Bildschirm sahen. Der Stonefisch kann tödlich sein, wenn man auf ihn tritt. Wenn die Wasserschlange beißt, brauchst du zu keinem Arzt mehr zu gehen, und last but not least: Die Nesselqualle kann mit ihren langen Tentakeln ebenso tödlich sein. Erst wussten wir gar nichts zu sagen, dann habe ich meine Frau in den Arm genommen und habe gemeint, dass Australien und Hamilton Island ein unvergessliches Erlebnis gewesen seien – und wie sehr ich sie liebe.

Warum „Kilometer 330"?

Anfang der 1990er-Jahre kam mein damaliger Produzent Bernd Jost zu mir und meinte, man müsse etwas bezüglich deutscher Country-Musik unternehmen. Bernd und ich produzierten damals auch Linda Feller, die ich in der DDR entdeckt hatte, sowie Hanna und Dana, zwei Sängerinnen aus Prag.

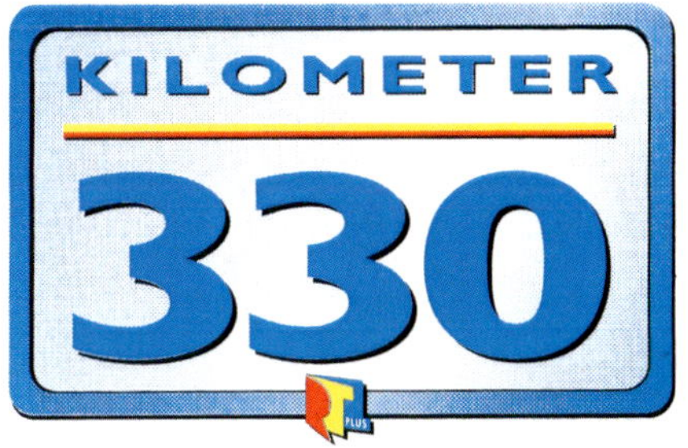

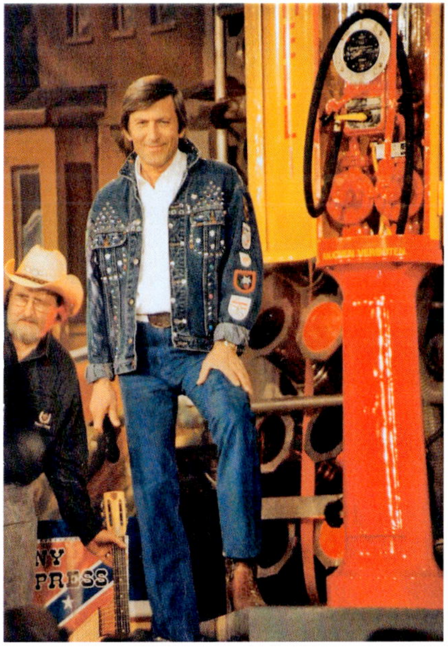

1. Sendung KM 330 Geiselwind

Er hatte gute Kontakte zum Fernsehsender RTL plus, genauer gesagt zur Musikredakteurin Elke Plicht. Diese betreute redaktionell die Sendung „Heimatmelodie", in der alle Musiksparten vertreten waren: von der Volksmusik über Schlager bis hin zur Country-Musik. Ich war in dieser Sendung auch schon ein paar Mal aufgetreten. Einmal im Jahr gab es bei der „Heimatmelodie" eine Spezialsendung. Es gelang Bernd Jost, Elke Plicht davon zu überzeugen, dass eine Country-Sendung eine originelle Abwechslung wäre und schlug mich auch gleich als Moderator vor. Wir hatten Glück und durften die erste

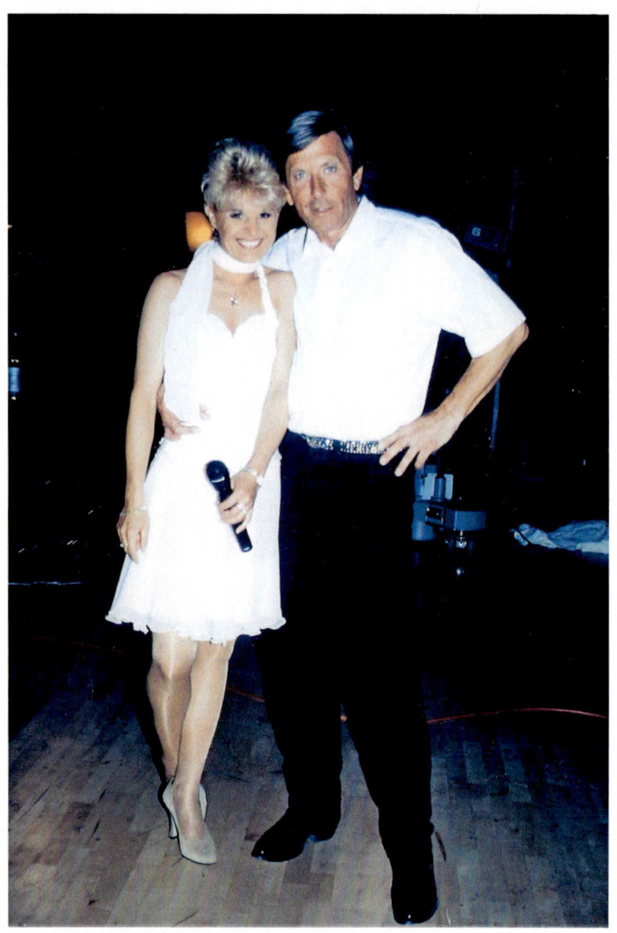

KM 330 mit Linda Feller

Country-Sendung mit dem Titel: „Heimatmelodie Extra Country Special“ aufzeichnen. Dies geschah auf dem Autohof bei Toni Strohofer in Geiselwind, da dort die Voraussetzungen gegeben waren. Nachdem die erste Sendung, die sich ganz der deutschen Country-Musik verschrieben hatte, ausgestrahlt worden war, gab es ein riesengroßes Echo.
Dem Erfolg konnte sich auch RTL plus nicht entziehen. Wir durften sechs weitere Sendungen produzieren, aber es war uns

allen klar, dass es nicht mit dem Titel „Heimatmelodie“ geschehen konnte. So machten wir uns alle auf die Suche nach einem passenden Titel.
Das Konzept war eine deutsche Country- und Truckersendung. Ich war der Ansicht, dass sich nur eine dauerhafte niveauvolle Country-Szene entwickeln könnte, wenn man zuerst die Geschichten in der Muttersprache erzählt. Damit kann man sich erstens am besten ausdrücken und zweitens kann das Publikum es auch am besten verstehen.

Wir gingen auf Namensuche. Es gab viele Vorschläge, bis mir der Zufall half. Ich hatte mich mit Toni Strohofer auf seinem Rasthof verabredet und fuhr von Hamburg nach Geiselwind. Ungefähr fünfhundert Meter vor dem Rasthof ging mir auf der Autobahn das Benzin aus. Ich musste auf dem Pannenstreifen stehen bleiben. Ein freundlicher Trucker blieb hilfsbereit stehen und brachte mich zur Tankstelle nach Geiselwind. Den Weg zurück zum Auto ging ich zu Fuß und bemerkte dabei, dass ich genau bei Kilometer 330 stehen geblieben bin.
Das war es: vielleicht Schicksal oder ein Fingerzeig. Ich sagte sofort zu meiner Frau: „Ich habe den Namen für die Fernsehsendung. Kilometer 330.“

Ich machte dem Produzenten und dem Sender diesen Vorschlag. Alle waren begeistert. Fast 60 Sendungen sind es geworden und der Name wurde zum Begriff für deutsche Country-Musik. Jahre später machte der MDR zwölf weitere Sendungen, aber das war es dann leider auch.

Meine Eselsfarm in Irland

Wieder einmal hatte ich das Gefühl, ich müsse etwas verändern. Ich wollte einfach weg. Als ein Freund mir erzählte, wie schön es in Irland sei, habe ich mir das angesehen.
Von Erzählungen wusste ich: Eine immergrüne Insel, keine Winter, wunderbare Golfplätze und Country-Musik in der reinsten Form in jeder Kneipe. Ich fuhr also nach Irland zu meinem Freund, der im Nordwesten im Sealand, nahe der Grenze zu Nordirland wohnte und war begeistert.

Kein Ire muss weiter als 30 Kilometer zum nächsten Golfplatz fahren, die Kosten zum Spielen sind ein Bruchteil dessen, was es in der Mitte Europas kostet. Die Insel ist wirklich immer grün, weil es ja viel regnet. In den Kneipen, die ich mit meinem Freund besuchte, Musik, Musik, Musik. Nicht unbedingt Country-Musik, aber irische Folklore. Die Iren, ein unglaublich freundliches Völkchen am Rande Europas, waren damals noch nicht in der EU.

Ich sah mir mehrere Grundstücke und Häuser an und entschied mich für eine aufgelassene Eselsfarm mit uralten Steinhäusern, in denen noch die Geister der verstorbenen Vorfahren wohnen sollten. Die alten Steinhäuser darf man aus diesem Grund auch nicht abreißen. Alles unglaublich romantisch. Meine Frau war ebenso begeistert wie ich.

Also beauftragte ich einen befreundeten Architekten, nach Irland zu kommen, um den Aus- und Umbau zu organisieren und zu planen. Beim ersten Besuch in Irland war noch schönes Wetter, doch dann fiel mir auf, dass es sehr viel regnete. Nie lange, aber ich wurde beim Golfen regelmäßig nass. Als wir feststellten, dass ein Umbau der alten Steinhäuser ein Vermögen kosten würde, kamen wir auf die Idee, auf dem Riesengrundstück ein finnisches Blockhaus hinzustellen. Blockhäuser waren der letzte Schrei auf der grünen Insel, weil man festgestellt hatte, dass die Feuchtigkeit in den Steinhäusern viel größer war, als im warmen Holz.

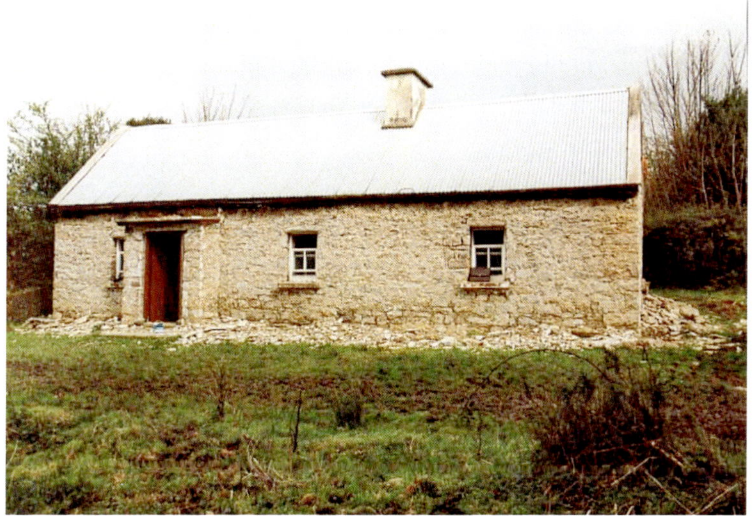

Haus auf meiner Eselsfarm in Irland

Zwischenzeitlich war ich in ein Blockhaus meines Freundes eingezogen und fühlte mich sehr wohl. Ich hatte einen weiteren Freund von mir überzeugt, dass Irland auch für ihn ideal sei. Er war viel entschlossener als ich und baute sofort auf seinem Grundstück nicht nur ein Haus, sondern deren zwei. Eines für sich, eines für seine Gäste, und Freunde, sowie eine große Garage. Ich war mittlerweile doch ein bisschen skeptisch geworden und wartete immer noch ab. Wann immer ich auf dem Kontinent war und in Irland anrief, um zu fragen, wie denn das Wetter sei, hörte ich: „A little bit wet.“ Längst hatte ich gelernt, was das hieß: es regnete. Auch von der allseits erwähnten tollen Musik bemerkte ich bei meinen Aufenthalten doch zu wenig. Das Essen war sehr gewöhnungsbedürftig, ganz langsam schwand meine Begeisterung für Irland. Als ich dann eines Tages von meinem Kumpel erfuhr, dass während seiner Abwesenheit Langfinger in seinem Haus am Werk waren, das halbe Haus ausgeräumt, sowie die neu installierte Wasserpumpe und den Heizkessel geklaut hatten, war es mit meiner Begeisterung vorbei. Zudem begannen die Blockhäuser, wegen der permanenten Feuchtigkeit im Norden der Insel, zu modern. Ich blieb im Haus meines Freundes noch lange Zeit. Aber der Spaß, etwas Eigenes zu bauen, war mir vergangen.

Beinahe hätte ich vergessen zu erwähnen, wie schwierig es am Anfang war, auf der anderen Straßenseite zu fahren. In Irland herrscht Linksverkehr und vor allem an den Straßenkreuzungen war es jedes Mal lebensgefährlich.

Irland kam dann in die EU und die vorher schlechte Infrastruktur wurde auf einen unglaublich hohen Standard gebracht. Meine Eselsfarm habe ich wieder verkauft, doch ich habe die eine oder andere schöne Erinnerung an dieses Land, an diese Insel, aber als ständiger Wohnsitz war mir das alles doch: „A little bit too wet“.

Callisto

1998 zog ich mit meiner Frau Helga von der Lüneburger Heide in die Schweiz. Mein Manager Uwe Oetken zog mit seiner Frau von Bremen an das Schweizer Bodenseeufer. Er träumte schon immer von einem eigenen Boot und meinte mehr als einmal zu mir: „Wenn man an den See zieht, muss man ein Boot haben." Ich wohne zwar nicht direkt am Bodensee, sondern etwa 15 Kilometer entfernt, aber ich wurde überredet und kaufte mir also auch ein Boot. Zuvor machte ich noch mit großer Mühe den Bootsführerschein, genau genommen das Bodenseepatent. Um ganz ehrlich zu sein, meine Frau machte alles mit links, im weitesten Sinn auch meinen Führerschein. Sie hatte in Hamburg schon den Seefahrtsschein gemacht und nun am Bodensee das Patent.

Dann kam unser Boot. Wir tauften es ganz feierlich „Callisto" und machten unsere ersten Ausfahrten. Natürlich geht man in erster

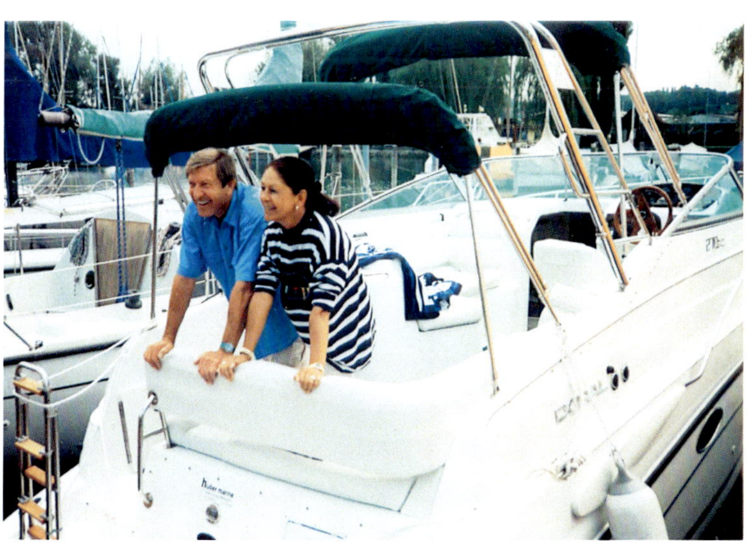

Linie aufs Wasser, wenn schönes Wetter ist. Mein Manager fuhr also hinaus, ankerte und legte sich auf seinem Boot in die Sonne oder unter einen Sonnenschirm. Er tat, außer ab und zu ins Wasser zu springen, eigentlich nicht sehr viel. Ich machte am Anfang dasselbe und bemerkte sehr schnell, dass es mir zu langweilig wurde. Ich dachte, dass ich bei diesem herrlichen Wetter eigentlich wunderbar Golf spielen könnte. So zog sich unsere erste Bootssaison dahin und im Herbst kam das Boot aus dem Wasser. Im Jahr darauf dasselbe Prozedere.

Wieder einmal lagen wir, Familie Oetken und Familie Hill, vor dem Ufer und taten nichts. Mein Manager sprang ins Wasser, schwamm um sein Boot und putzte dies.
Mir war das schon öfter aufgefallen, deshalb fragte ich, warum er das mache. Seine Frau rief daraufhin: „Mensch, Jonny, das ist doch das Schöne, das Hobby, dieses Putzen." Ich hatte genug und sagte zu meiner Frau, dass dies nicht mein Hobby sei.

Ich habe das Schiff verkauft, natürlich ein bisschen Geld verloren, aber wenn ich ab und zu im Hafen meine ehemalige „Callisto" sehe, habe ich überhaupt kein Verlangen nach einem Boot, das ich putzen müsste.

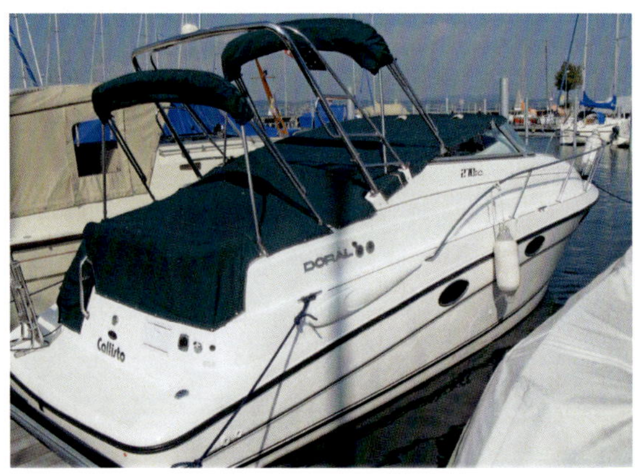

Meine Autos

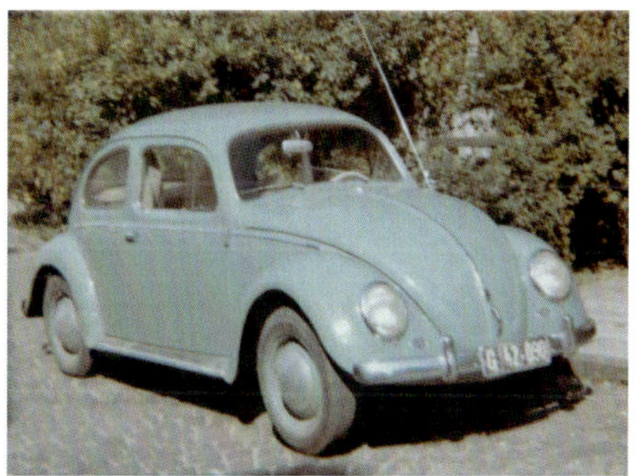

Mein erster VW

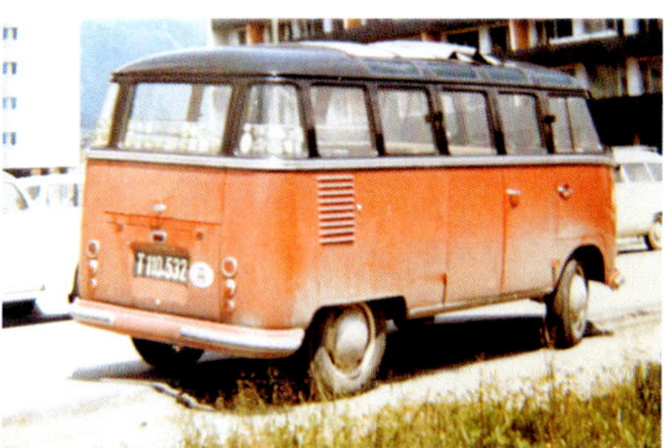

Mein VW-Bus

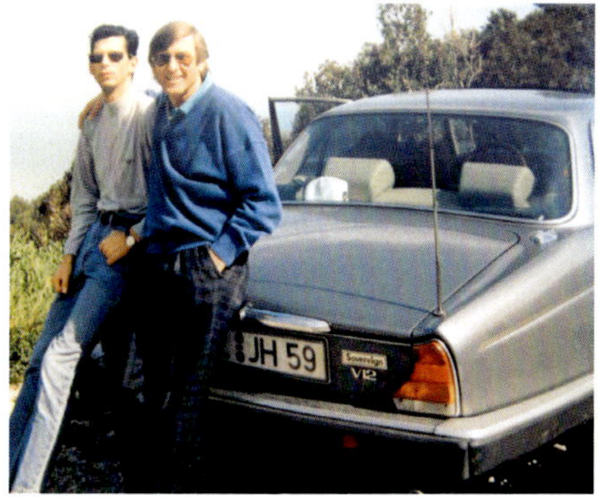

Mein Sohn und ich mit dem Jaguar

Mein erstes Auto war, wie ich schon erwähnte, ein Goggomobil, mit Seilzugbremsen – selbst verdient als Berufsmusiker. Mein zweites Fahrzeug war ein grüner VW, dann ein Opel Caravan. Darauf ein VW-Bus und anschließend schon mein erster Jaguar. Das war 1967.

Ich war verheiratet, hatte zwei Kinder und nicht besonders viel Geld, aber einen gebrauchten Jaguar Mark II, 3.4 Liter mit Holzlenkrad und Speichenrädern, metallicblau. Dieser erste Jaguar fraß mich im wahrsten Sinn des Wortes arm. Ich habe ihn an einem kalten, eisigen Wintertag kurz vor Wien wie in Zeitlupe bei Glatteis um einen Laternenpfosten gewickelt. Totalschaden!

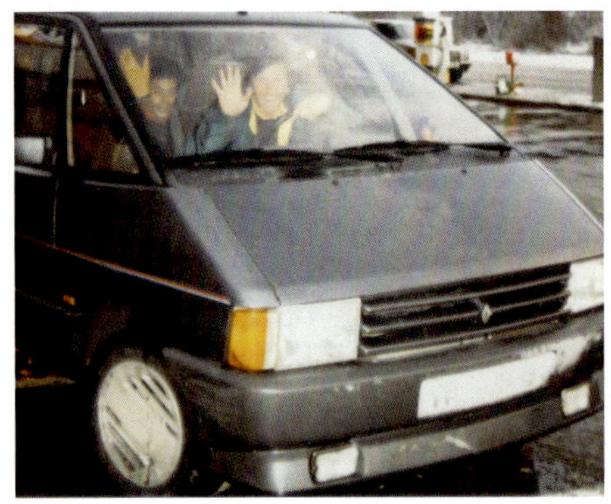

Mein Tourwagen Espace

Meine nächsten Autos waren dann für lange Zeit BMWs. Mein erster Neuwagen, den ich mir kaufte, war ein BMW 733i; dieser wurde mir in Italien geklaut.

Ich fuhr mit meiner Frau und den beiden Kindern nach Gatteo Mare an der Adria in den Sommerurlaub. Schon am Brenner hatte ich ein ungutes Gefühl. Wir fuhren Richtung Rom und übernachteten nur dort, wo es auch eine Garage gab. Über die Abruzzen ging es dann an die Adria. Wir kamen um sechs Uhr am Abend dort an. Da das Hotel über keine Garagen verfügte, stellte der Hotelbesitzer seine beiden Autos, einen Kombi und einen großen PKW, so auf den Parkplatz, dass ich nicht mehr hätte wegfahren können.

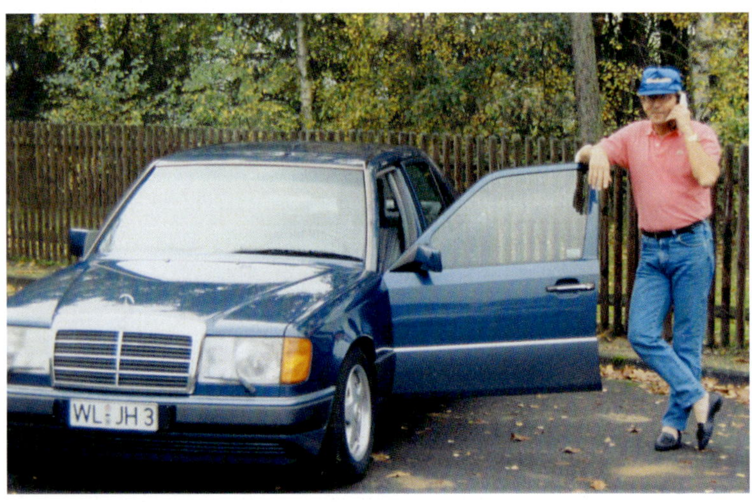

Mein Mercedes

Mein ungutes Gefühl hatte mich noch immer nicht verlassen. Erstens war der BMW ein relativ neues Modell, zweitens hatte er erst 14.000 Kilometer auf dem Tacho. Um 23 Uhr war ich nochmals beim Wagen, um den Kassettenrecorder aufs Zimmer zu holen. Um 1 Uhr war meine Frau noch auf dem Balkon und rauchte eine Zigarette. Zu diesem Zeitpunkt war der Wagen auch noch an seinem Platz. Um 5 Uhr kam die Ehefrau des Hoteliers, um das Frühstück vorzubereiten – da war das Auto nicht mehr da. Ich bemerkte es beim Frühstück, dann ging es ohne große Sprachkenntnisse zur Polizei.

Das war so ein Theater, wie man sich Theater in Italien vorstellt. „Hier in unserem schönen Gatteo Mare wird nicht geklaut und schon gar keine Autos“, hieß es bei der Polizei. Dabei verschwanden jeden Tag zwei bis drei Autos. Ich wurde behandelt, als hätte ich das Auto gestohlen. Aber alles das war nicht so schlimm wie die Fahrt nach Hause mit den beiden Kindern im Zug. An jeder „Milchkanne“ von Italien bis Deutschland blieb dieser Bummelzug stehen.

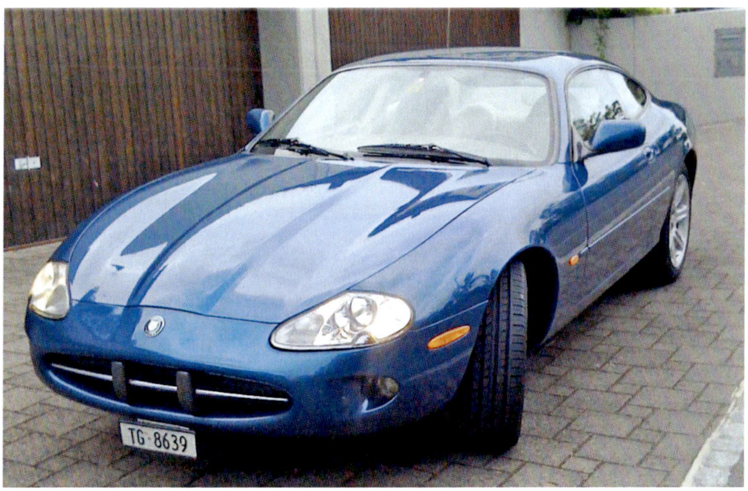

Mein Jaguar XK8

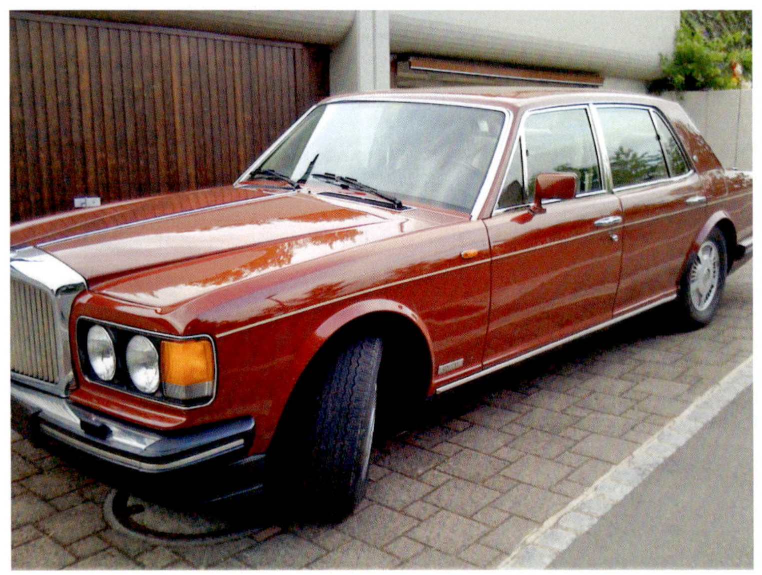

Mein Bentley – mein Lebenstraum

Mein Auto habe ich nie mehr gesehen, doch die Versicherung hat mir den Schaden ersetzt.

1976 kaufte ich mir wieder einen Jaguar. Das Modell Sovereign V12. Es wurde immer behauptet, dass hinter einem Jaguar ein Werkstattwagen fahren sollte, weil diese Autos angeblich so pannenanfällig waren.
Ich für meinen Teil kann nur sagen: Bei mir war es nicht so. Im Gegenteil, ich habe in der DDR, wenn es kein anderes Benzin gab, mit meinem Jaguar auch schon mal Normalbenzin getankt, was er ohne Probleme schluckte.

1990 zu meinem 50. Geburtstag habe ich mir einen Traum erfüllt. Ich kaufte mir einen karminroten Bentley Mulsanne S.

Danach gab es noch einen Jeep Cherokee Geländewagen. 1996 wieder einen Jaguar XK8, diese Katze fahre ich noch immer.

Einmal Nashville und zurück

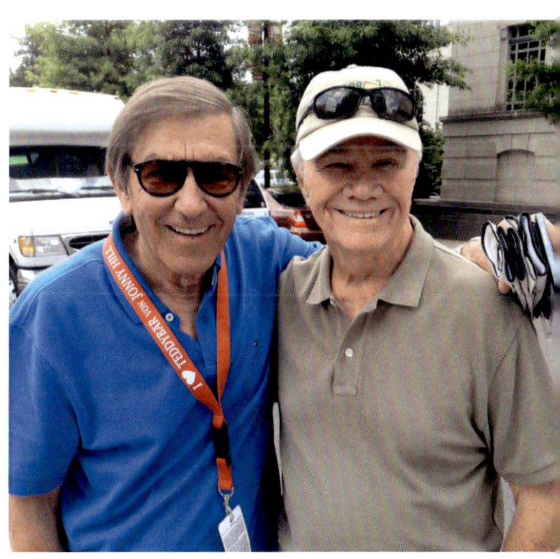

Countrylegende Dickey Lee

1991 wechselte ich die Schallplattenfirma und ging zur Polydor. Damit hatte sich für mich ein Jugendtraum erfüllt. Polydor war einmal die Schallplattenfirma aller großen Stars. Dazu gehörten so große Namen wie Peter Alexander, Freddy Quinn, Caterina Valente und z. B. auch einer der ersten Country-Sänger in deutscher Sprache, Gus Backus sowie viele andere. Das erste Album, das wir produzierten, hieß „Ich bin für die Liebe“ und wurde auf Anhieb ein Erfolg. Vielleicht auch ein wenig wegen meiner Fernsehshow KM 330. Deshalb meinte mein damaliger Produktmanager von Polydor: „Jetzt sollten wir ins Mekka der Country-Musik nach Nashville gehen und dort produzieren.“ Natürlich war ich begeistert.

Ungefähr zur gleichen Zeit wurde in Amerika ein Country-Sänger zum Weltstar: Garth Brooks, der von Allen Reynolds produziert wurde.

Manchmal spielen im Leben Zufälle eine besondere Rolle.

Um bei KM 330 ein bisschen internationales Flair zu haben, hatten wir Dickey Lee, einen Top-Ten-Sänger aus Nashville, eingeladen und engagiert. Während der Aufzeichnungen zu KM 330, wo er als Gast auftrat, habe ich mich mit ihm und seiner Frau Kathy angefreundet. Bei irgendeiner Gelegenheit erzählte mir Dickey, dass er mit Allan Reynolds befreundet sei.

Als ich nun für mich die Produktion in Nashville vorbereitete, rief ich Dickey in Nashville an, bat ihn um Hilfe und er half. Und wie!
Bei meiner Ankunft in Nashville waren alle Studiomusiker von Garth Brooks im Aufnahmestudio und spielten für mich ein wunderbares Album ein: „Meine Liebe lebt“. Viele originelle Arrangements, die professionelle und musikalische Qualität, machten das Album und die Zeit in Nashville für mich zu einem unvergesslichen Erlebnis. Die Freundschaft mit Dickey Lee hält bis heute an.

Bei meinem letzten Besuch in Nashville traf ich nicht nur ihn wieder, sondern auch einen der ganz großen Musiker der

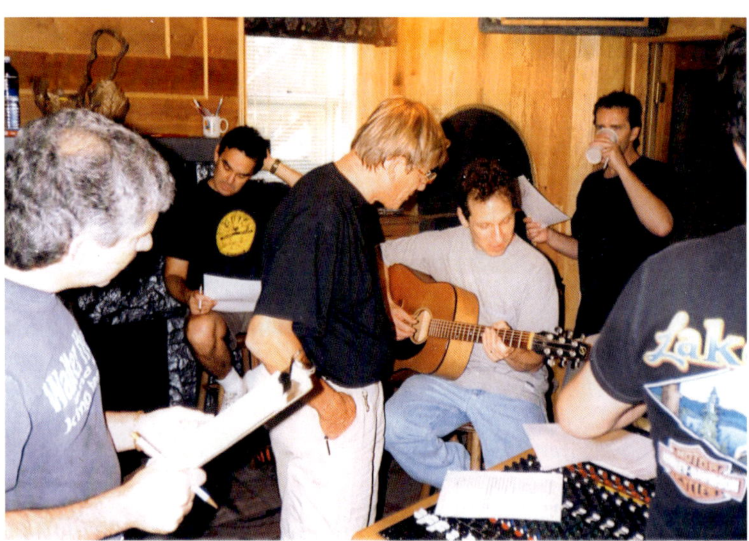

1999 Nashville Studio

amerikanischen Musikerszene, Bobby Wood. Er war der Pianist von Elvis Presley, Michael Jackson, Tina Turner, Neil Diamond und vielen anderen Weltstars. Er hatte die musikalische Leitung meines Albums!

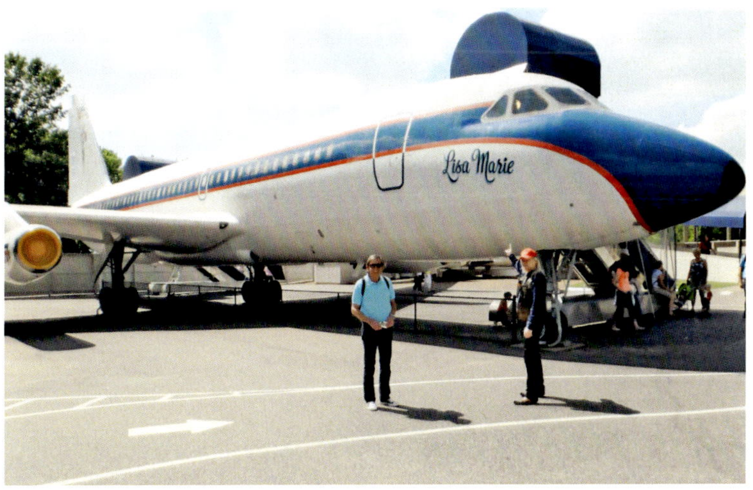

Flugzeug von Elvis Presley in Memphis mit meinem Freund Däniel 2013

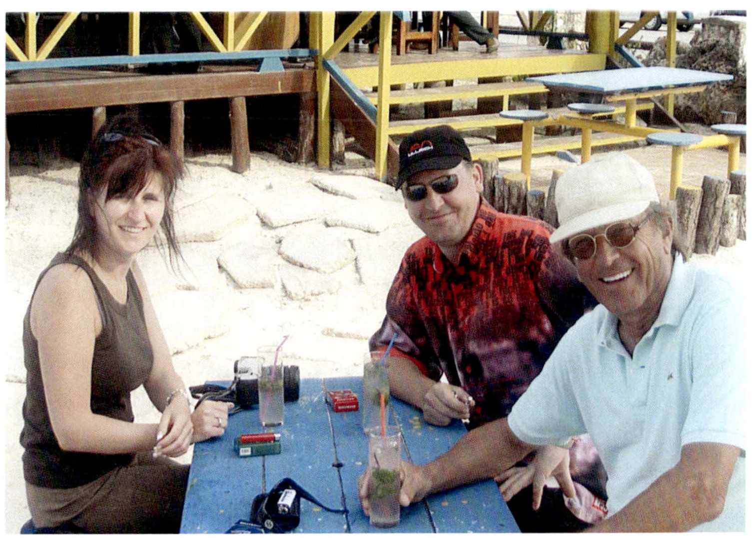

Mit unseren Freunden Wencke und Frank in Kuba

Golf – mein Hobby

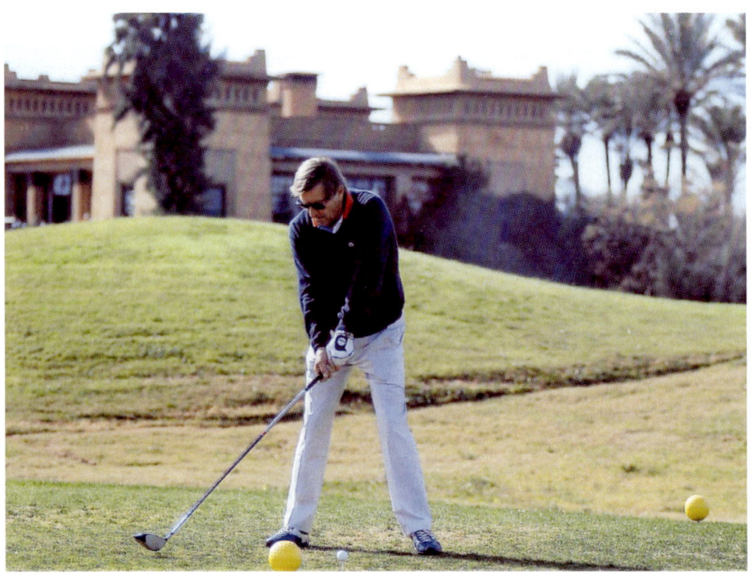

Golf in Marocco

Mein erstes Hobby war die Musik. Aber irgendwann ist dieses Hobby mein Beruf geworden und somit hatte ich eigentlich kein richtiges Hobby mehr. Ich habe zwar in der DDR diese wunderbaren kleinen Minibücher aus Leder gesammelt, aber als ich durch Zufall zum Golfsport kam, war es um mich in dieser Hinsicht geschehen. Ich habe vor ca. 25 Jahren damit angefangen und ich muss sagen, der berühmte Golfvirus hat mich befallen. Ich stand damals bis zu fünf Stunden am Stück auf der Driving Range, sprich Übungswiese, und habe versucht, diesen kleinen Ball zu treffen. Es war am Anfang sehr mühselig aber Übung macht den Meister – oder besser: eröffnet die Aussicht, einmal besser zu werden. Ich bin ohne Wichtigtuerei noch ein ganz passabler Golfer geworden. Ich habe zurzeit Handicap 11,3.

Zur Erklärung möchte ich einmal sagen, dass Golf kein elitärer Sport mehr und dass Golf günstiger als Skifahren ist. Eine komplette Golfausrüstung kostet mit allem Drum und Dran ca. 500 Euro. Man ist viel an der frischen Luft, man muss sich gut konzentrieren können und Golf kann man auch ganz allein spielen. Ich habe im Lauf meines Golferlebens erstens mein Hobby gefunden und zweitens sehr viele interessante Menschen überall auf der Welt kennengelernt. An jeder Ecke entstehen neue Golfplätze und zum Anfangen ist es nie zu spät.

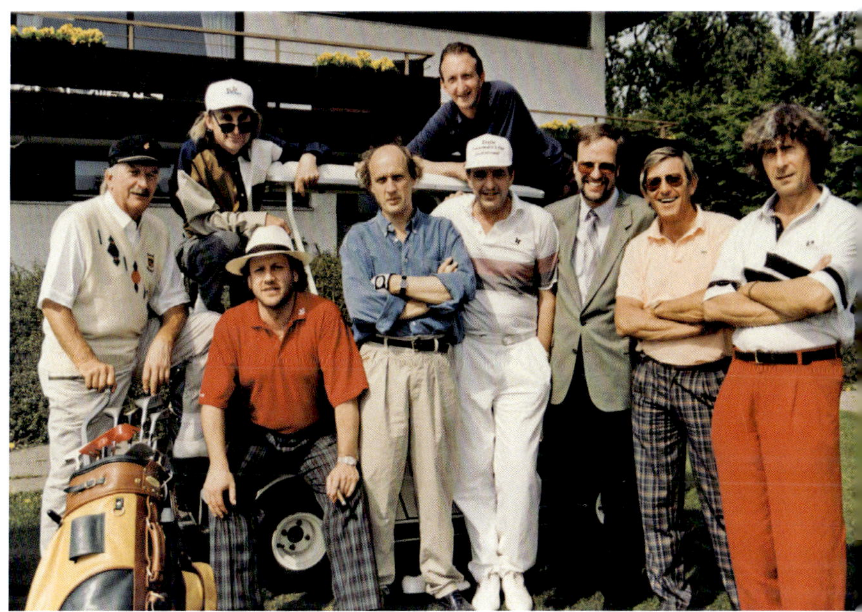

von li. nach re.: James Last, Otto, Harold Faltermayer, Herman van Veen, Mike Krüger (oben), Ralf Siegel, Jens Michow, ich, Eberhard Schöner

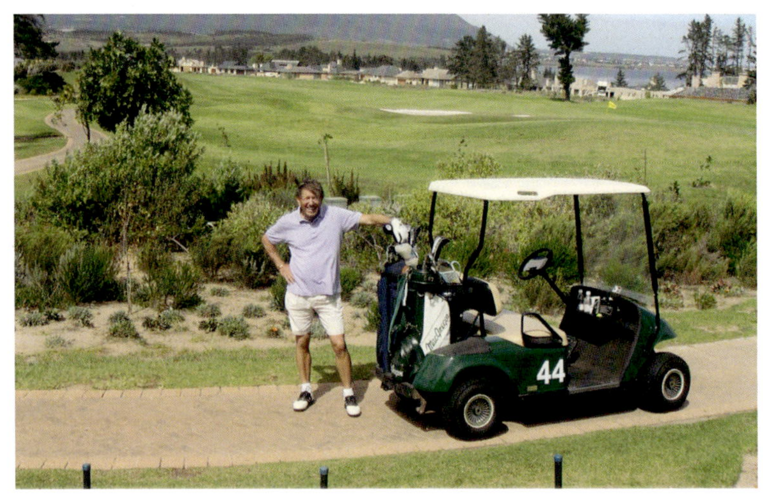

Golf in Südafrika

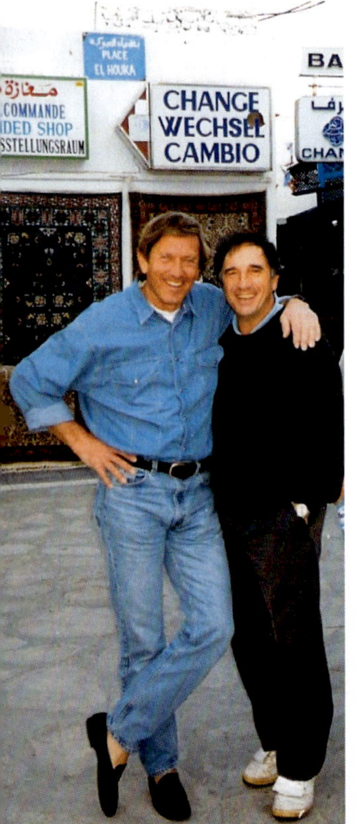

Mit Rocco Granata in Tunesien, 1997

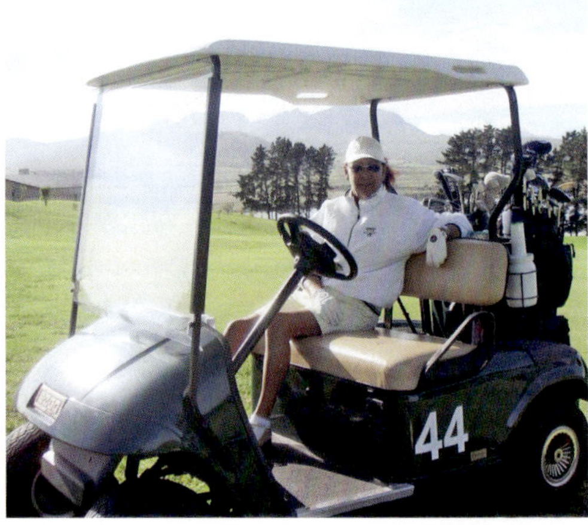

Helga in Hochform

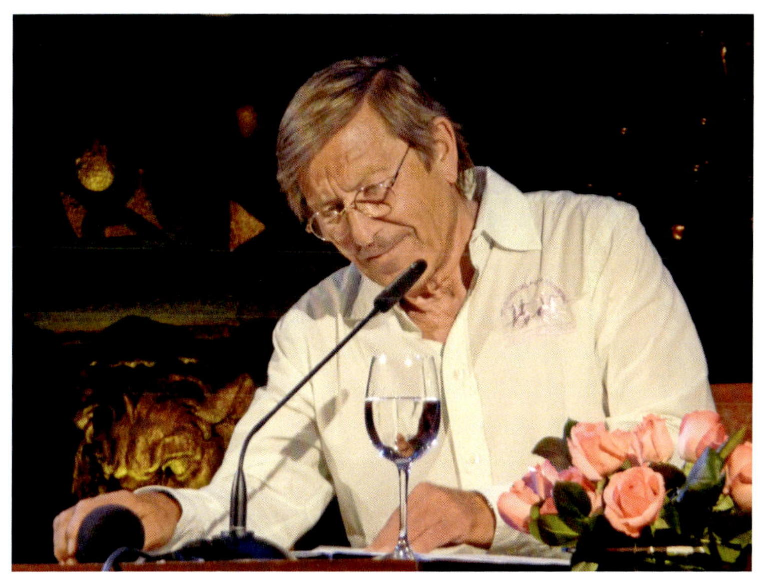

„Ganz privat“ auf der Bühne

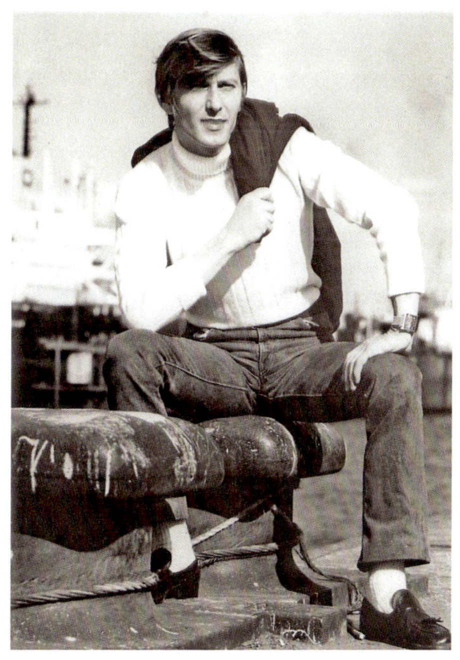

Mein erstes Pressefoto

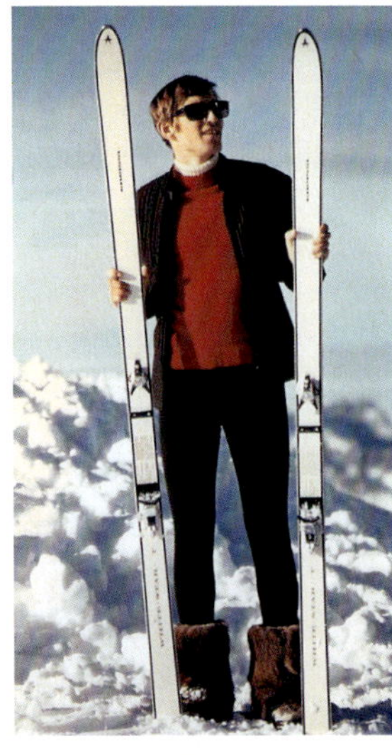

1969 in Tirol

Helga und ich beim Wintersport

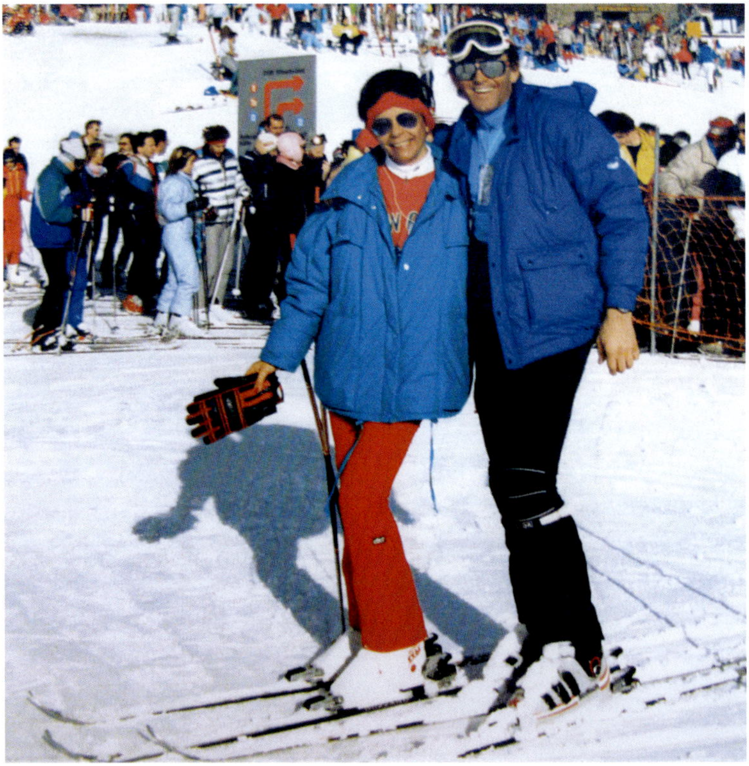

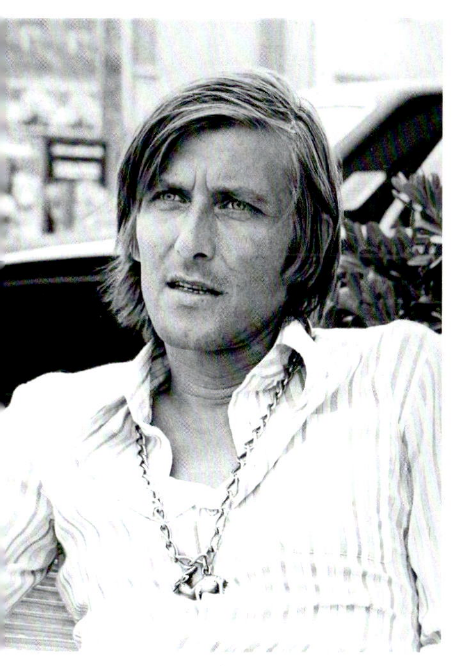

In Italien

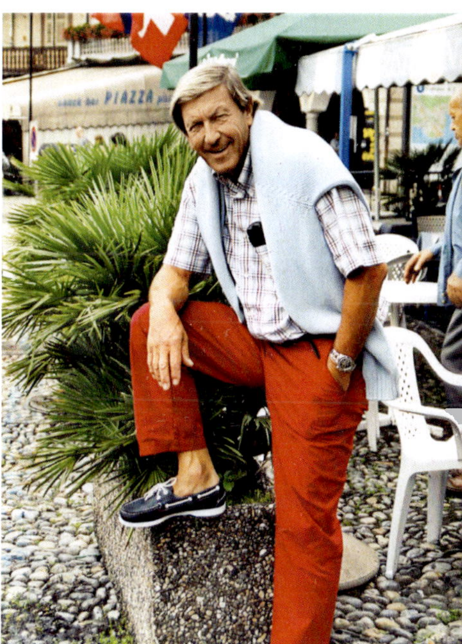

Im Tessin

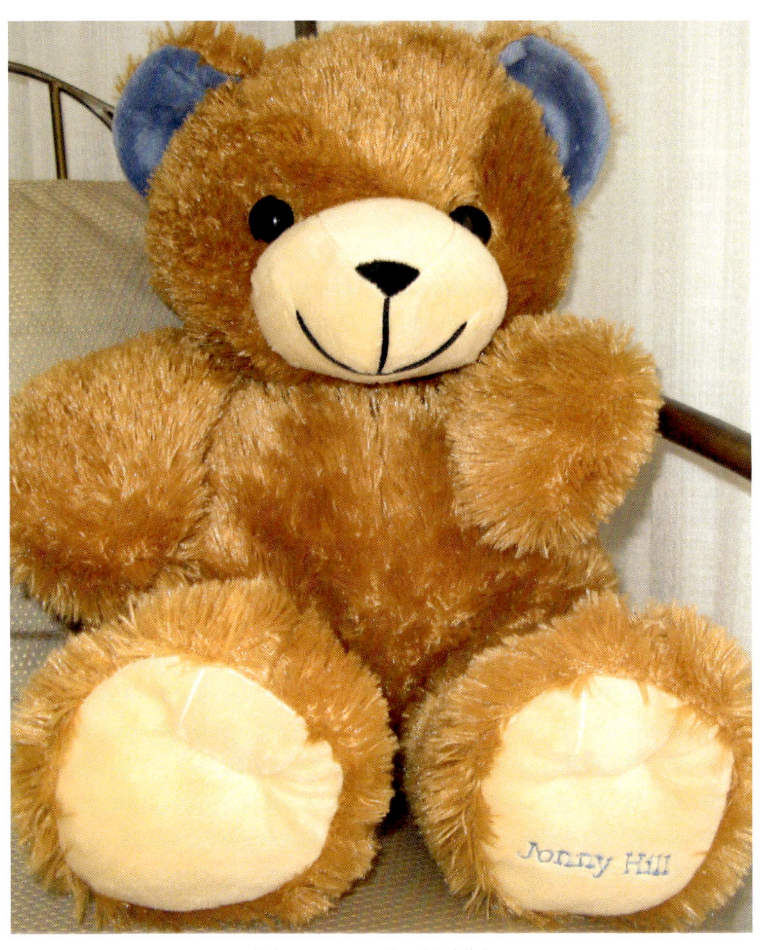

Mein singender Teddybär

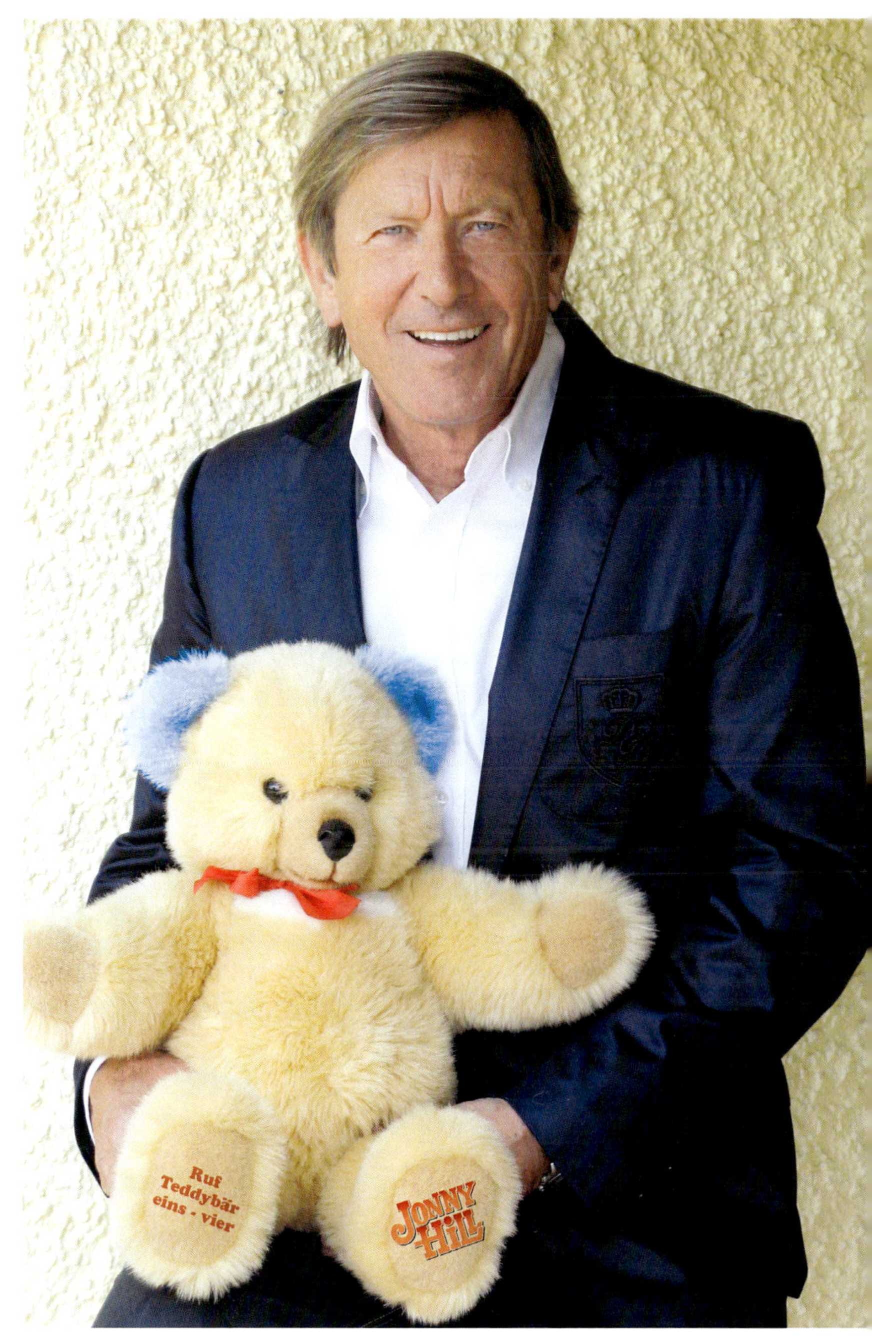
Ruf
Teddybär
eins - vier
JONNY
HILL

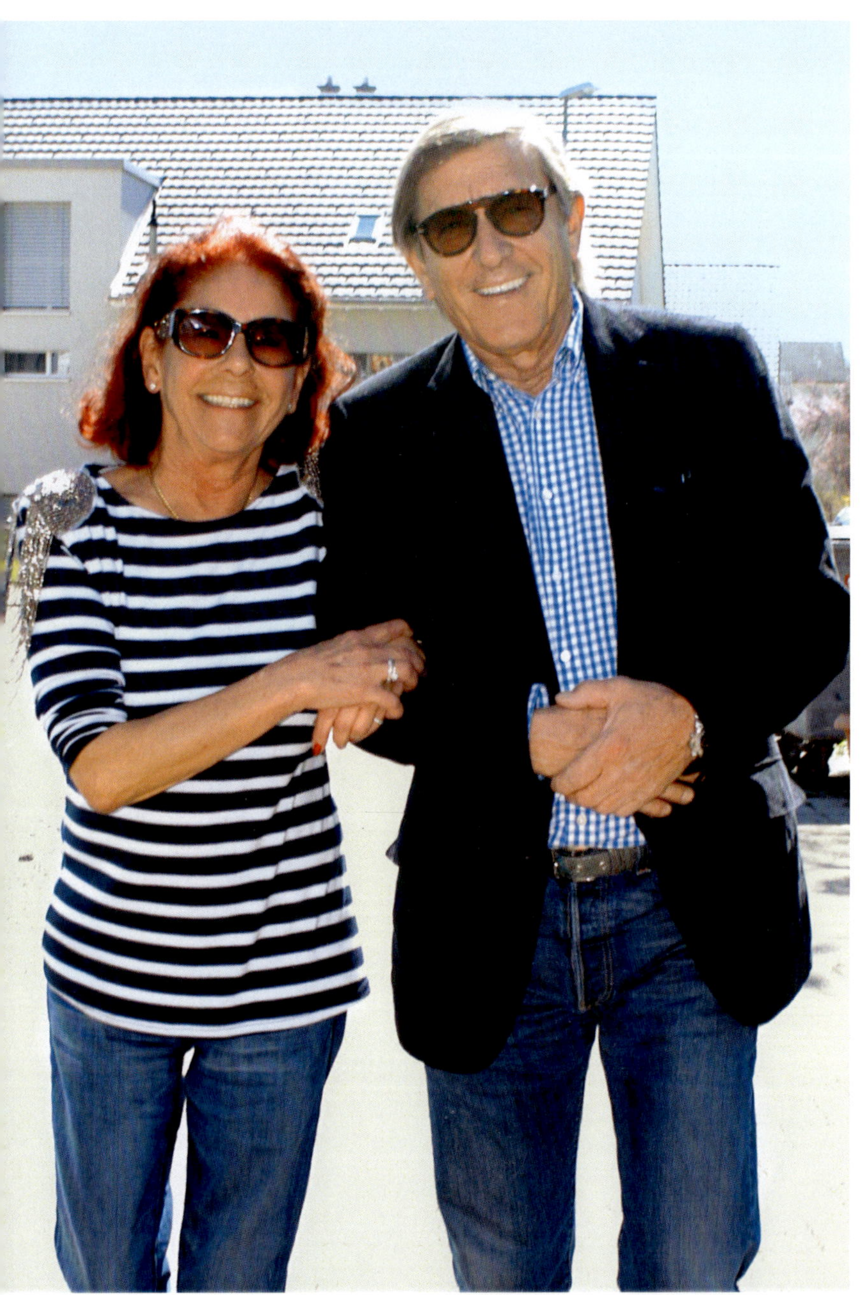

70. Geburtstag

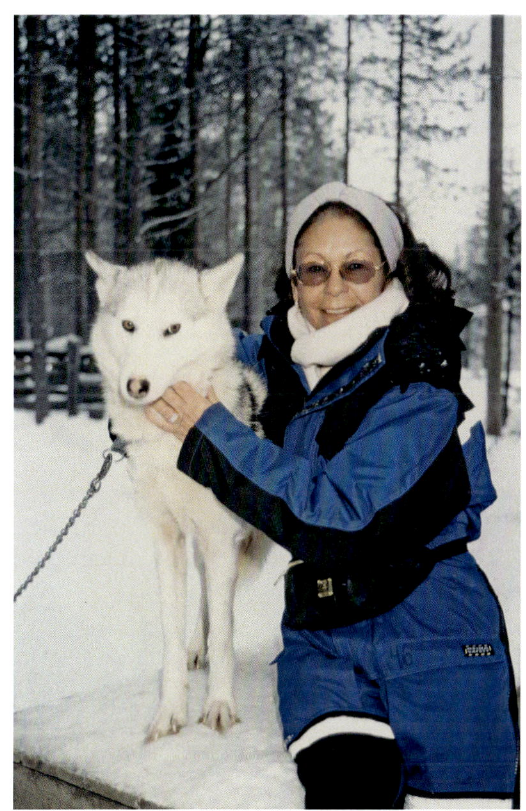

Helga mit Husky in Lappland

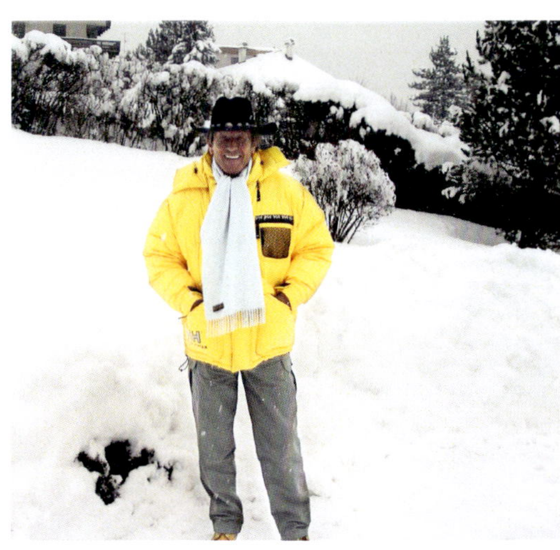

Einmal mit Hut

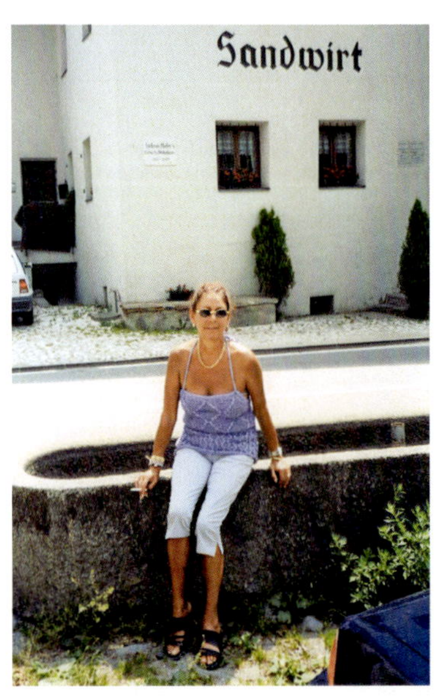

Helga in Südtirol vor dem Gasthaus von Andreas Hofer

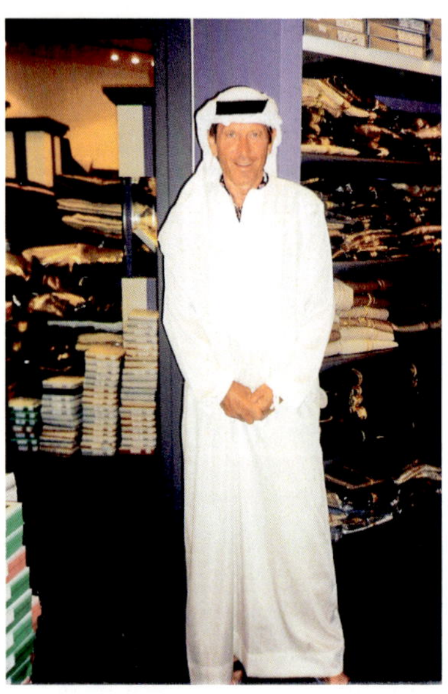

1999 in Dubai

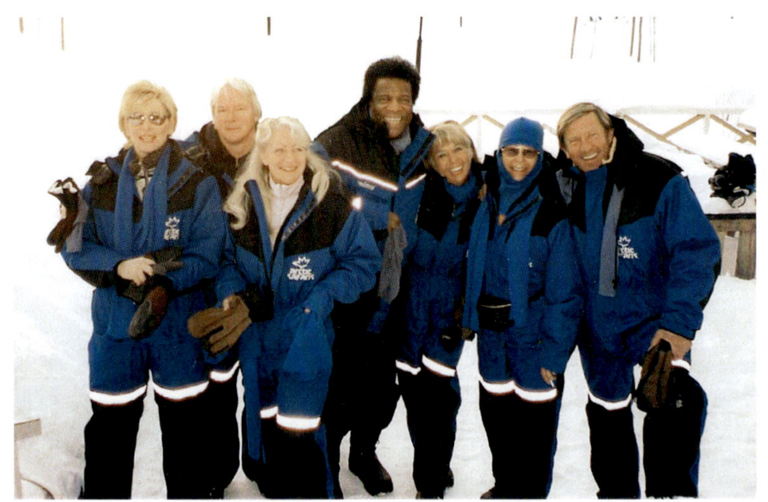

In Lappland 2001, von li. nach re.: Claudia Jung, Uwe Oetken, Jutta Oetken, Roberto Blanco, eine Freundin von uns Petra Garbani, Helga und ich

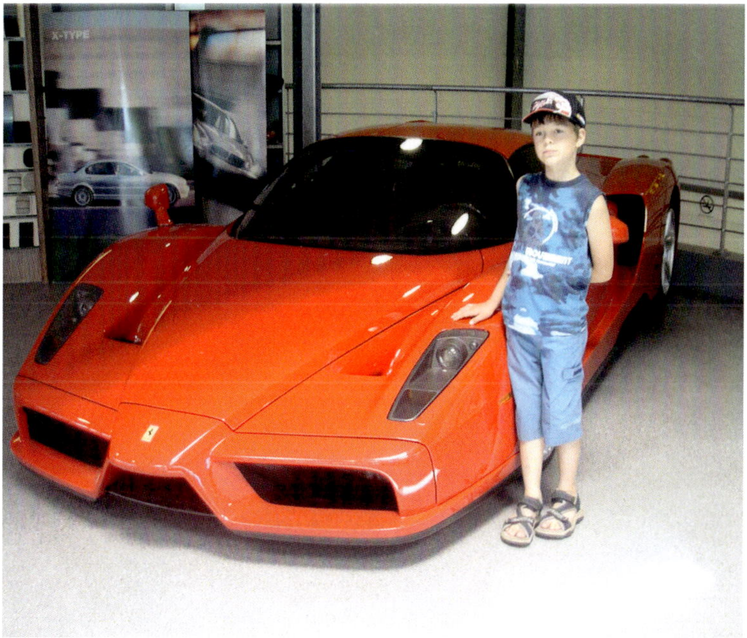

Mit Enkel Feri – Opa, kaufst du mir das Auto?

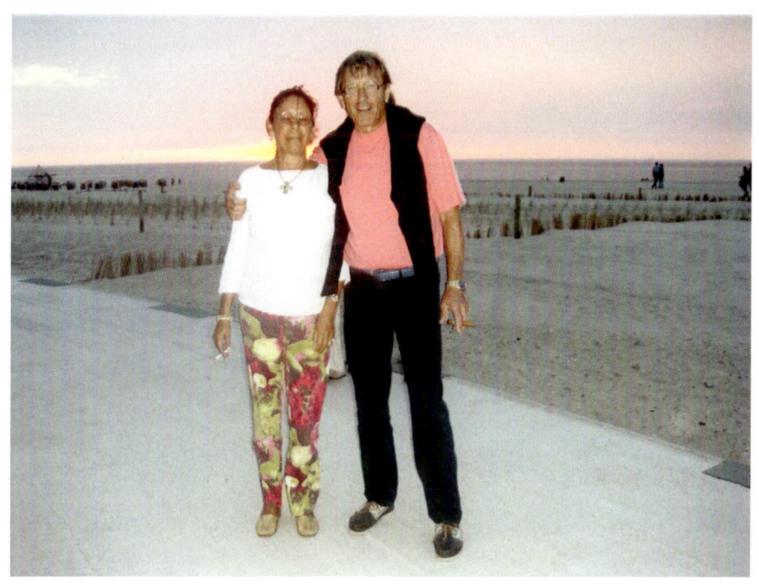

Wieder einmal an der Ostsee

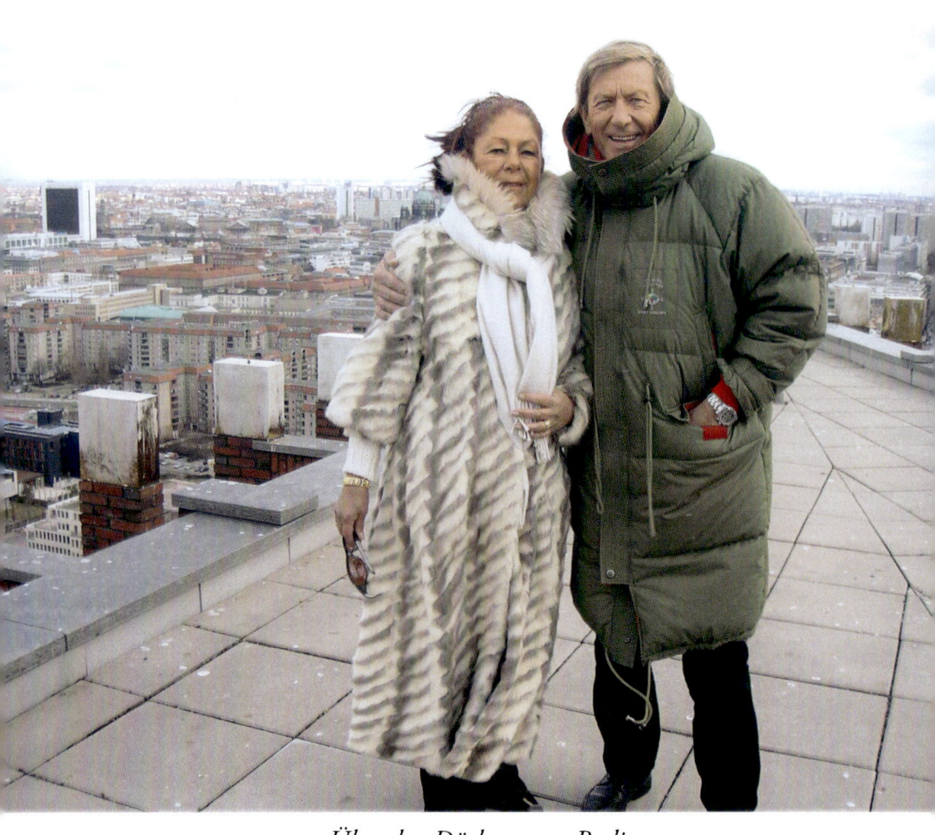

Über den Dächern von Berlin

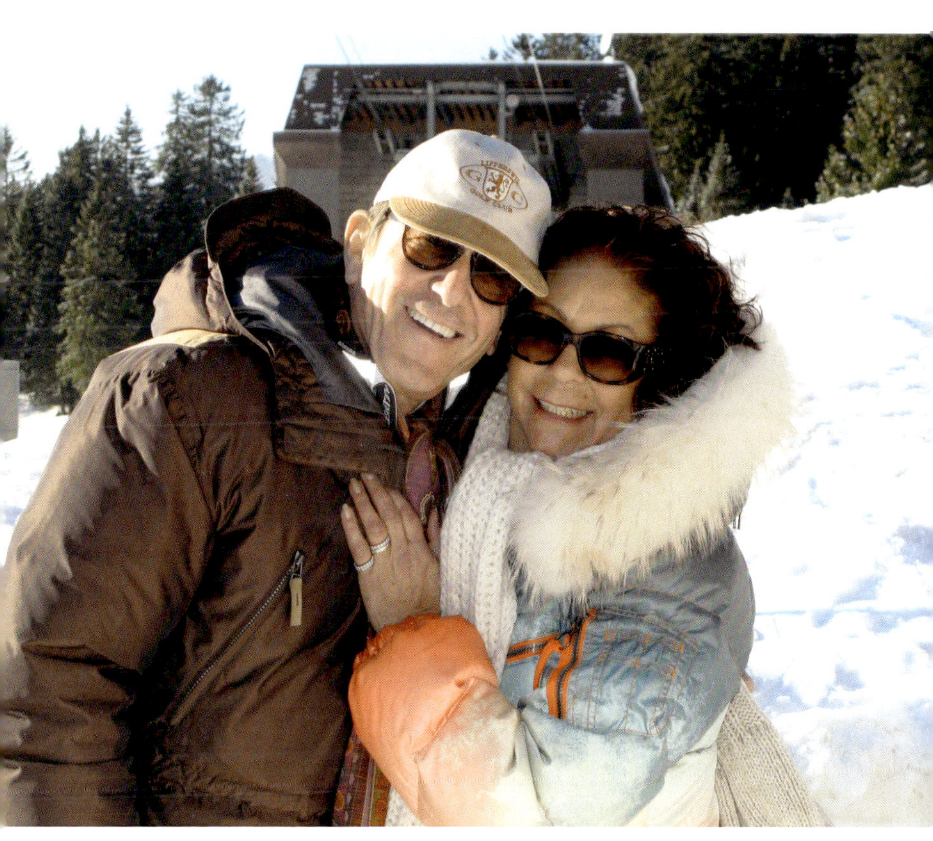

Urlaub in den Bergen

„Meine" DDR

Es war wieder einmal November, kalt und regnerisch. Ich saß vor meinem Fernseher und sah die Pressekonferenz von Herrn Schabowski.

Was er da von sich gab, habe ich überhaupt nicht begriffen. So zappte ich weiter durch die Programme. Um 19 Uhr bei den ZDF-Nachrichten war ich unglaublich überrascht von dem, was sich da plötzlich in Berlin abspielte. Ich habe bis Mitternacht die Geschehnisse weiter mit Spannung verfolgt. Dabei kam in mir irgendwie ein Gefühl auf, dass „meine" DDR den Bach runter geht. Kein Wissen, keine Klarheit, nur so ein Bauchgefühl. Ein unangenehmes Kribbeln.

Genau so wie damals. Ein kalter regnerischer Novembertag, als

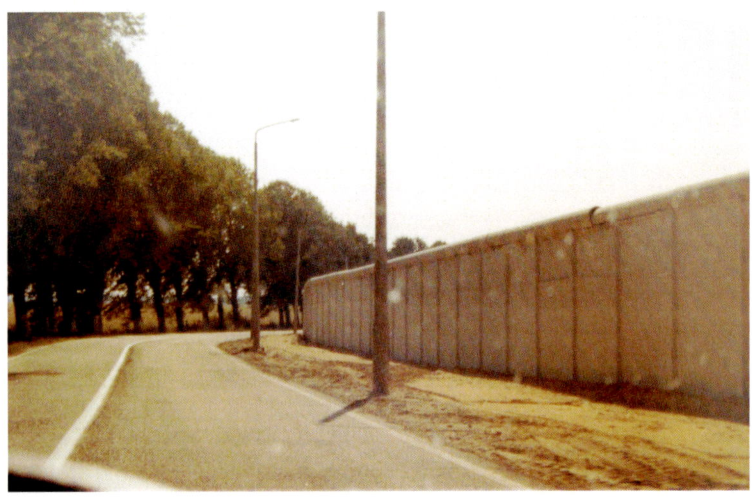

Die Mauer bei Selmsdorf

ich das erste Mal das Gebiet der DDR betrat. Es war Anfang der 1970er-Jahre, als mich ein Agent aus München anrief und mich fragte, ob ich nicht Lust hätte, in der DDR aufzutreten.

Natürlich gab es im Osten wie im Westen eine Propaganda und diese schuf ein ganz bestimmtes Bild vom jeweils anderen Teil Deutschlands. Hier der böse brutale Kapitalismus, dort der fürchterliche Kommunismus.

Ich war politisch nicht sehr interessiert, also sagte ich zunächst: „Viel zu gefährlich. Zu den Kommunisten fahre ich nicht."

Der Agent, Dolf Zenzen aus München, meldete sich immer wieder bei mir und hat mich irgendwann doch überredet, mir das einmal anzuschauen. So bin ich an diesem grauen, nassen Spätherbsttag zusammen mit meiner Frau von Hamburg über Lübeck zur Grenze nach Selmsdorf und weiter nach Rostock gefahren.

Ich versuche, diese Stimmung zu beschreiben: meine Frau und ich total verunsichert durch die Grenze. Diese Art von Kontrollen kannten wir nicht. Die Beamten waren auch nicht sehr freundlich. Diese Strecke von Selmsdorf bis Grevesmühlen wirkte auf uns mehr als bedrückend. Links diese Mauer. Kaum Verkehr auf den Straßen, so kamen wir nach Rostock ins Hotel Warnow, das mittlerweile abgerissen wurde.
Ich habe zu meiner Frau vorher gesagt: „Wenn wir auf dem Zimmer sind, reden wir kein Wort. Ich sage dir, die belauschen uns." Wir hatten ja sogar im Auto nur leise geredet.
Ich weiß zwar bis heute nicht, was bei mir zu belauschen gewesen wäre, aber so war halt meine Vorstellung. Aber dann war auf einmal alles anders!
Es kamen die Mitarbeiter der Konzert- und Gastspieldirektion – freundlich und hilfsbereit. Auch das Hotelpersonal war sehr zuvorkommend. Alle waren nett, niemand hat etwas verboten oder gedroht, im Gegenteil: Ich hatte das Gefühl, dass man mir jeden Wunsch von den Augen abgelesen hat.

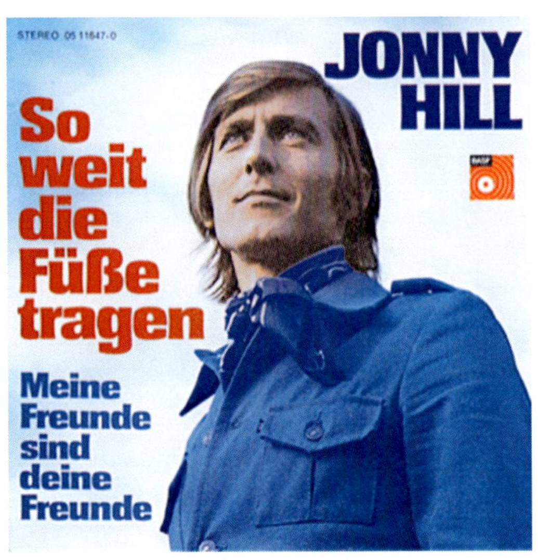

Single: Soweit die Füße tragen

Die erste Veranstaltung fand im Clubhaus der Neptunwerft in Rostock statt. Hier bemerkte ich das erste Mal, dass es für mich als Westkünstler doch Grenzen gab, denen ich aber keine große Bedeutung beimaß.
Ich hatte kurz vorher in der Bundesrepublik den Titel „Soweit die Füße tragen" veröffentlicht. Dazu hatte meine Schallplattenfirma mir ein tolles Plakat entworfen – mit meinem Foto drauf und der großen Überschrift „Soweit die Füße tragen". Ich nahm eines dieser Plakate und hängte es stolz an die Wand der Neptunwerft als Reklame für meinen Auftritt.

Es dauerte nicht sehr lange, bis ein Offizieller des Hauses auf mich zustürzte und meinte, dass dieses Plakat sofort entfernt werden müsse. Auf meine Frage warum, erhielt ich die erste politische Belehrung bezüglich des Titels. „Soweit die Füße tragen" war im Westen ein sehr erfolgreicher Film. Der Inhalt bezog sich auf die Flucht eines deutschen Soldaten aus einem sowjetischen Strafgefangenenlager während des Zweiten Weltkrieges.

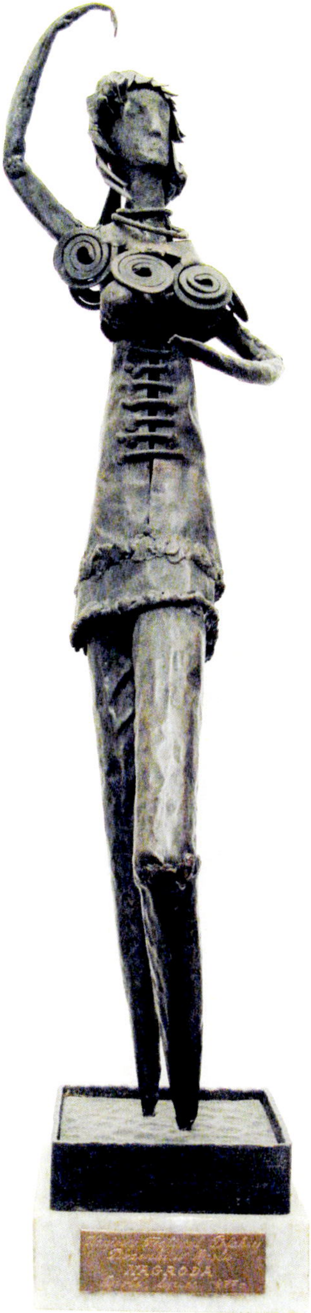

Das Clubhaus ist mittlerweile abgebrannt; dort habe ich damals vor vollem Haus, nur mit meiner Gitarre, ohne Mikrofon und Technik, das Lied „Ay ay ay Paloma“ gesungen. Damit habe ich mir den Weg zur Sendung „Klock 8 achtern Strom“ und zu vielen unvergesslichen Auftritten und Momenten geöffnet.
Mit diesem Lied gewann ich beim Festival „Menschen und Meer“ in Rostock den Publikumspreis. Ich verbrachte hier die schönsten Jahre meines Lebens, erlebte berufliche Sternstunden und möchte keine einzige Minute missen.

Publikumspreis

Klock 8 achtern Strom

Es scheiden sich die Geister darüber, wer mich in die Fernsehsendung des Ostseestudios gebracht hat. War es der Redaktionsleiter Unterhaltung oder der Regisseur? Fakt ist, dass man mich bei einer Veranstaltung in der Neptunwerft das erste Mal sah, als ich mit meiner Gitarre ohne Mikrofon meinen Standardsong „Ay ay ay Paloma“ vortrug. Das war der Auslöser für eine jahrelange fruchtbare Zusammenarbeit.

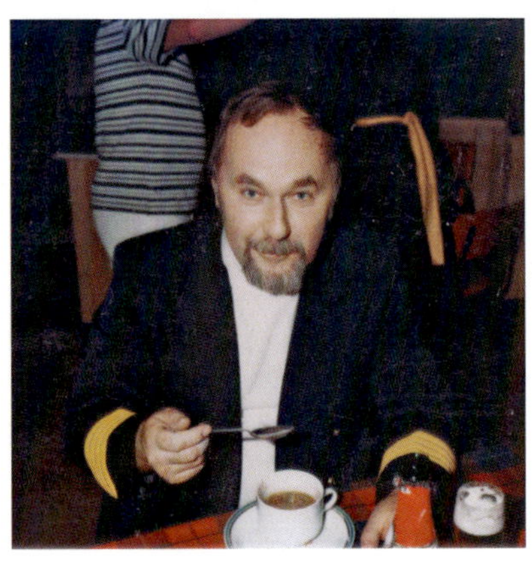

Horst Köbbert

Ich hatte meist eine Garderobe mit Horst Köbbert zusammen. Er war mir vom ersten Tag an eine unglaubliche Hilfe, mit den Gepflogenheiten des DDR-Alltags zurechtzukommen. Er gab mir Tipps, was ich sagen konnte und wem ich es sagen durfte. Er äußerte recht offen seine Meinung und ich hatte nie das Gefühl, er könnte Parteigenosse sein oder gar bei der Stasi. Horst war ein offener, gradliniger Kollege, nie neidisch. Ich bin stolz, dass ich mich mit ihm anfreunden konnte. Wir gingen den Weg bei Klock 8 bis zum Ende der DDR und auch danach trafen wir uns noch sehr oft.

Wir waren gemeinsam mit dem NDR in Chicago und hatten sehr viel Spaß miteinander. Horst Köbbert gehörte für mich zur ersten Garnitur der Unterhaltungskünstler in der DDR. Neben ihm war Rica Deus die Nummer zwei in der Sendung.

Ich bin aber mit ihr nie so richtig warm geworden. Rica war sehr ruhig und vielleicht war ich ihr auch suspekt, weil ich aus dem Westen kam und gewisse Privilegien hatte. Immerhin war sie aus Hamburg in die DDR gekommen.
Mit dabei war auch Siegfried König, ein Sänger mit einer wunderbaren, warmen Baritonstimme. Leider ist er zu früh selbst aus dem Leben geschieden.

Schlagersänger Jonny Hill passiert den Grenzübergang Lübeck/Schlutup zur DDR auf dem Wege zu einem Gastspiel in Rostock

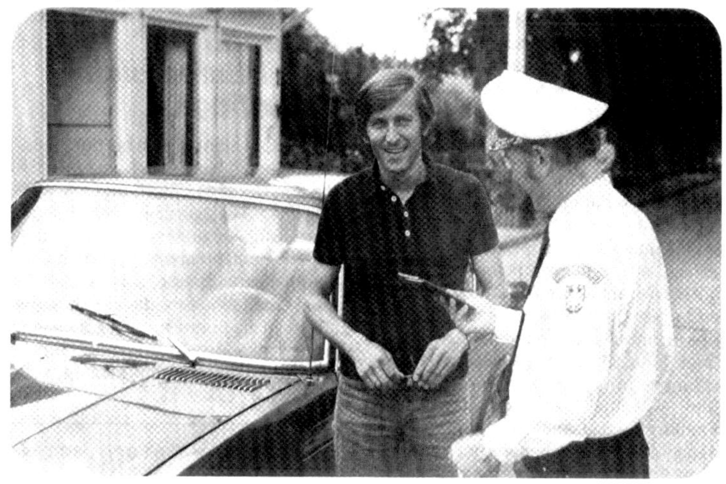

Zollzeitung März 1976

Außerdem waren bei der Sendung noch die Kabarettisten, mit denen ich aber wenig Kontakt hatte. Sie waren möglicherweise alle politisch eingebunden.
Neben meinen eigenen Liedern sang ich viele DDR-Kompositionen. Dabei habe ich auch einige abgelehnt, weil sie mir zu politisch waren. Trotzdem blieben ein paar schöne Songs übrig, die ich im Ostseestudio aufnahm.

Die „Hafenbar" war eine der beliebtesten Sendungen des DDR-Fernsehens. Den Grund sehe ich auch darin, dass das Meer der

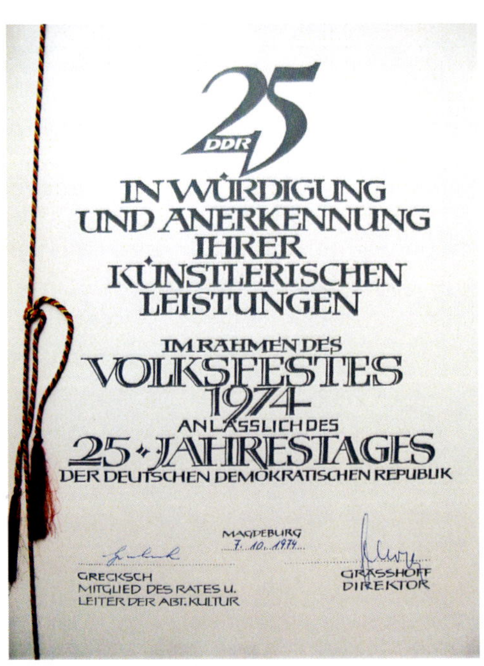

25
DDR

IN WÜRDIGUNG
UND ANERKENNUNG
IHRER
KÜNSTLERISCHEN
LEISTUNGEN

IM RAHMEN DES
VOLKSFESTES
1974
ANLÄSSLICH DES
25. JAHRESTAGES
DER DEUTSCHEN DEMOKRATISCHEN REPUBLIK

MAGDEBURG
7. 10. 1974

GRECKSCH
MITGLIED DES RATES U.
LEITER DER ABT. KULTUR

GRASSHOFF
DIREKTOR

DDR Auszeichnung

einzige offene Weg hinaus in die weite Welt war. Seeleute kamen in der ganzen Welt herum, während die meisten Bürger dieses Landes die Welt nur mit dem Finger auf der Landkarte oder auf dem Globus umfahren konnten.

Angefreundet habe ich mich im Lauf der Zeit mit dem Redaktionsleiter Ostseefernsehen, Roman Brenner und dem Regisseur Manfred Spitz. Gut erinnern kann ich mich auch an Hartmuth Dukath. Was er genau machte oder war, weiß ich nicht, aber er hat mich immer ein wenig politisch geschult oder es zumindest versucht. Er hat mir die Helsinki-Akte zu lesen gegeben und wir haben Wochen, wenn nicht Monate, darüber diskutiert.

Ich habe vieles gelernt und auch manchen Zusammenhang besser verstanden, ohne dass ich gleich ein Genosse wurde.

Ich hatte ab und zu ein paar Platten von mir als Geschenke im Gepäck. Als Roman Brenner einmal Geburtstag hatte, habe ich ihm nach langjähriger Zusammenarbeit einen Kassettenrecorder überlassen. Damals kostete ein Autokassettenrecorder in der DDR 1.600 Mark, im Westen ein besseres Modell nur 99 DM. Roman fuhr einen Dacia. Natürlich wollte ich auch, dass er meine Kassetten richtig im Auto hören konnte. Er freute sich riesig, aber ganz schnell hatte sein Umfeld herausbekommen, was er da von mir erhalten hatte. Man unterstellte ihm, dass er sich von mir hatte bestechen lassen. Es war Aufregung um nichts, denn Roman, seine Frau und ich waren schon längst gute Freunde. Die Freundschaft besteht bis heute, leider sehen wir uns nur selten.

Auch mit Manfred Spitz habe ich mich sehr gut verstanden. Er war ein sehr einfühlsamer Regisseur und unsere Verbindung hat die DDR überdauert. Ich habe sogar eine Fernsehsendung in Rostock moderiert bei der unter anderem Wolfgang Lippert bei mir zu Gast war. Rostock war für mich der Dreh-und Angelpunkt.

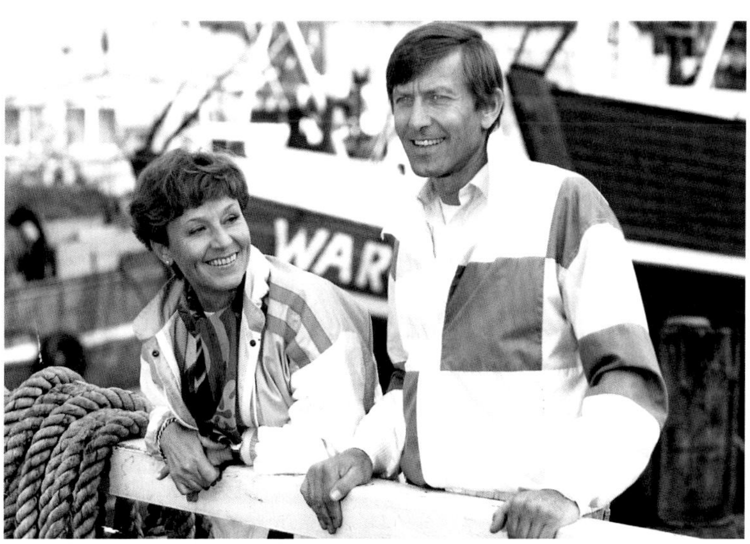

TV Aufzeichnung mit Lolita 1984

Mark der DDR

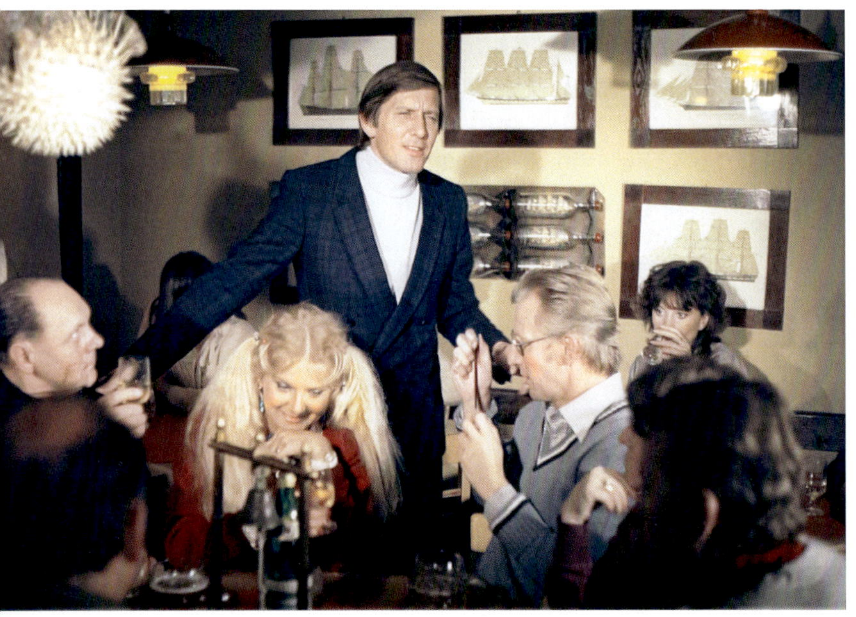

In der „Hafenbar"

„Was bedeutete Ihnen die Fernsehsendung Klock 8 achtern Strom?", wurde ich immer wieder gefragt. Ganz einfach: Ich wurde relativ früh vom Rostocker Fernsehen eingeladen und bin beinahe fester Bestandteil in dieser Sendung geworden. Die Sendung hat aus mehreren Gründen viel für mich bedeutet. Zum einen hat sie mich in der gesamten DDR sehr populär gemacht, zum anderen wurde diese Sendung auch gerne im Westen gesehen, von Kiel über Hamburg bis nach Bayern. Dies hat meine Popularität auch dort gefördert.

Ich wurde im Lauf der Zeit der meist beschäftigte Unterhaltungskünstler aus dem Westen in der DDR. Aber es ging nicht immer alles so glatt, wie sich das jetzt vielleicht anhört.

Ich wurde zweimal für längere Zeit gesperrt, weil ich meinen Mund nicht halten konnte und wollte. Es gab Unterschiede zwischen dem Berliner und Rostocker Fernsehen.

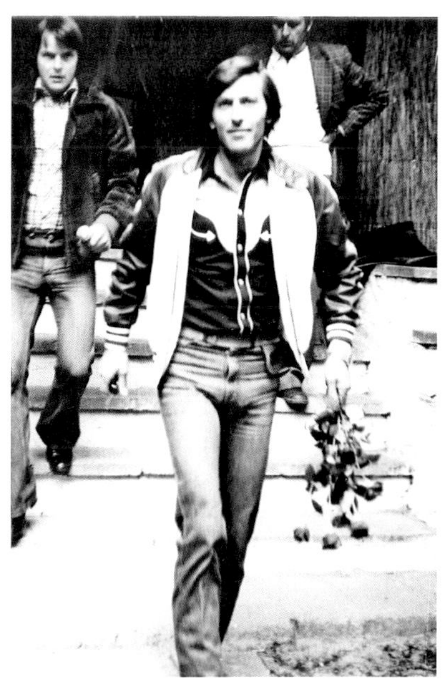

Nach dem Auftritt in Dargun mit Uwe

Berlin war einfach politischer geprägt.
Aber das Publikum hat das nicht bemerkt, weil das Rostocker Fernsehen seine Hand schützend über mich hielt. Wenn ich nicht selbst kommen durfte, wurde ins Archiv gegriffen und entsprechend in die Sendung eingespielt. Und schon war Jonny Hill wieder in der Sendung.
Warum wurde ich gesperrt?

Weil ich mir in der Künstleragentur in Berlin nicht alles gefallen ließ.
Ein Beispiel: Ich kam ja zu den Veranstaltungen manchmal von weit her und bekam von der Künstleragentur meine Fahrtkosten nur in Mark der DDR. Ich musste aber im Westen Benzin in DM bezahlen. Also habe ich mich darüber beschwert und verlangt, man müsse mir die Anfahrt bis zur Grenze in DM bezahlen. Das empfand man dort als Frechheit und hat mich gesperrt.

Damit bin ich bei einem sehr interessanten Thema. Ich habe von 1972 bis 1989 in der DDR gearbeitet und habe in dieser Zeit nicht eine einzige Gage in Devisen erhalten. Es stimmt nicht, dass Künstler in Naturalien bezahlt wurden. Auch wenn es heute im Fernsehen von irgendwelchen Moderatoren behauptet wird. Alle ausländischen Künstler, mit wenigen Ausnahmen, haben nur Mark der DDR erhalten, mussten in der DDR dafür 20 Prozent Steuern zahlen, 40 Prozent im Land ausgeben und durften für den Rest des Geldes Waren des täglichen Bedarfs mit Genehmigung der Künstleragentur, beziehungsweise der Regierung, ausführen.

Was habe ich nicht alles gekauft und mitgenommen: zum Beispiel Gurken. Die Gurke Ost war wie die Gurke West. Ich habe Zucker, Butter, Marmelade und Konsumbrötchen gekauft und eingefroren.

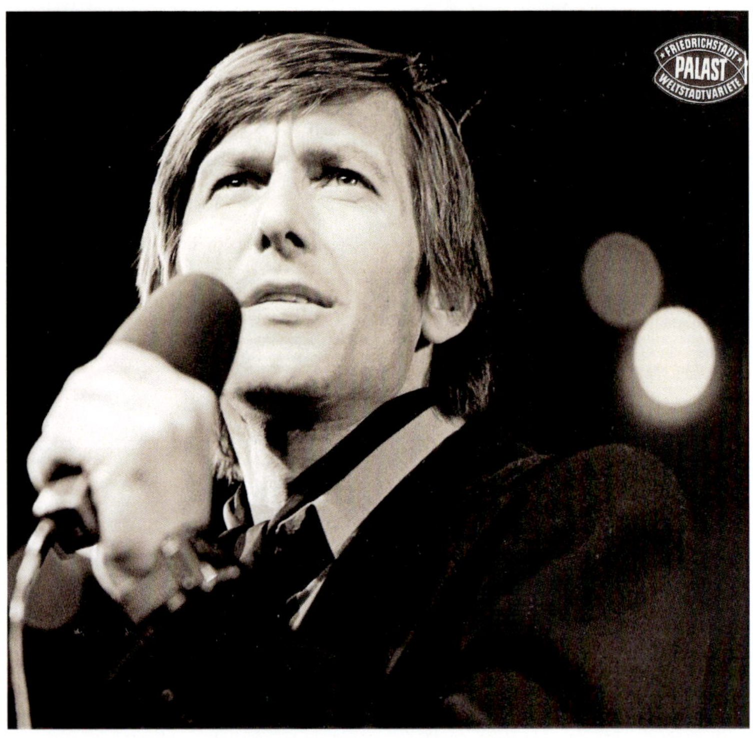

Im Friedrichstadtpalast 1977

Bei Schlachter Arndt in Rostock habe ich Rinderfilets gekauft, das Kilo für etwa 13 Mark. An der Grenze bei der Ausfuhr hat der Beamte oft nicht gewusst, was er sagen sollte. Das hatte er davor noch nie erlebt.
Aber ich konnte nachweisen, dass ich das Geld verdient und nicht schwarz getauscht hatte.
Ich habe mir auch einen BMW Dixie Baujahr 1929 gekauft und durfte ihn mit Sondergenehmigung mitnehmen.

Einmal kaufte ich mir eine Holzblockflöte im Musikgeschäft für drei Mark der DDR. Dann bin ich drauf gekommen, dass eine Holzblockflöte mit einem Markennamen in der Bundesrepublik 25 Mark kostete. Also habe ich beim nächsten Mal mehrere Blockflöten in der DDR gekauft, sie im Westen verkauft und war glücklich und zufrieden. Das gleiche funktionierte mit Akkordeons und mit Klavieren und auch mit den vietnamesischen Teppichen, diese gab es eine Zeit lang an jeder Ecke. Mein Vorteil war, dass ich ungehindert in der ganzen DDR herumkam.

Also, ich sage es noch einmal:
Es waren wunderbare Jahre!

Einer der Höhepunkte meiner beruflichen Arbeit in der DDR war der Friedrichstadtpalast. Ich habe den alten Friedrichstadtpalast als Stargast geschlossen. Hinter uns ging der eiserne Vorhang herunter und alle haben Rotz und Wasser geheult.

Herr Struck, der damalige Direktor, hat mich wegen des großen Erfolges, den ich hatte, eingeladen, den neuen Palast zu eröffnen. Das hat er gesagt und der neue Palast wurde gebaut. Aber das mit der Eröffnung war nicht so einfach, hier wurde größere Politik gemacht, als sich das Herr Struck vorstellen konnte. Es

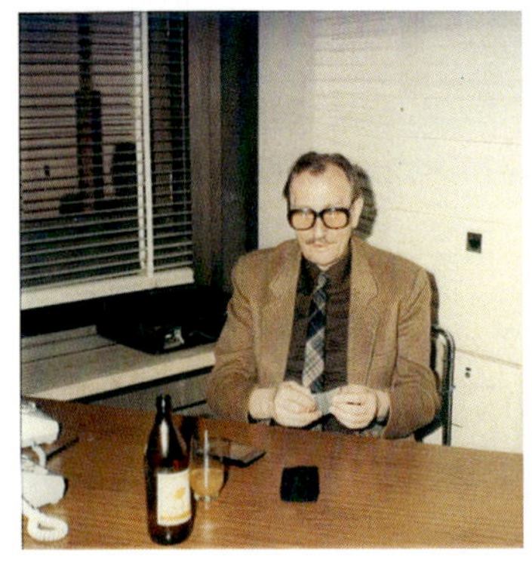

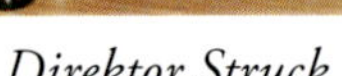

Direktor Struck

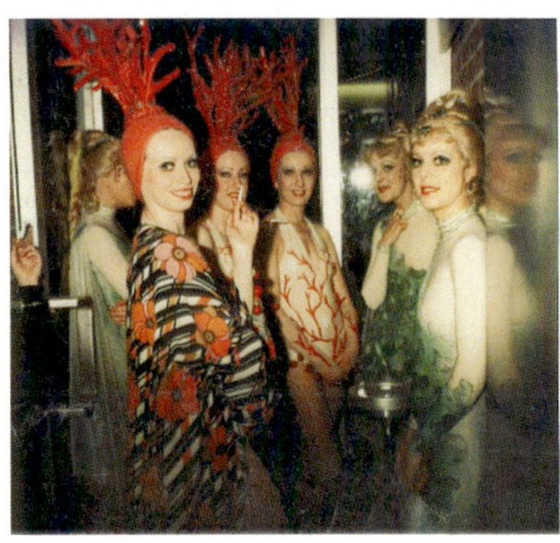

Ballettdamen

gab eine offizielle Eröffnung, die nicht vom Direktor des Friedrichstadtpalastes besetzt wurde. Doch ein alter Theater- und Varietéhase wie „Strucki" wollte sein Versprechen einlösen und wusste sich und mir zu helfen.

Er engagierte mich als Stargast vier Tage vor der offiziellen Eröffnung in den Friedrichstadtpalast und ich sang für die Bauarbeiter. Damit war ich der letzte Stargast im alten und der Erste im neuen Palast und das kann mir keiner nehmen!

Das berührt mich noch heute und macht mich stolz.

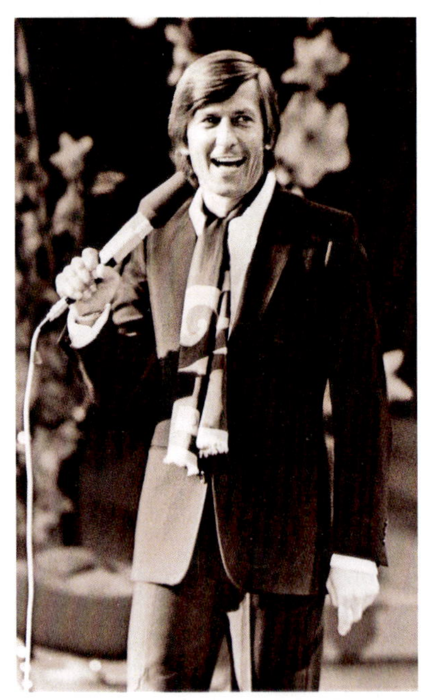

Im Friedrichstadtpalast 1977

Berlin, Polizeistation Keibelstraße

Ich war wieder einmal, neben dem Ballett, als Stargast im Berliner Friedrichstadtpalast für drei Monate engagiert. Aus diesem Grund mietete ich mir ein Appartement und einen Garagenplatz in einer Tiefgarage.
Es war die Zeit, als es Mode war, die Mercedessterne und andere Autosymbole von den westdeutschen Fahrzeugen abzubrechen. Auf irgendeinem Parkplatz war auch mein BMW-Zeichen vorne auf der Kühlerhaube geklaut worden. Ich kaufte mir in Westberlin ein Neues und fuhr mein Auto nun täglich in die Garage in der Nähe der Keibelstraße.

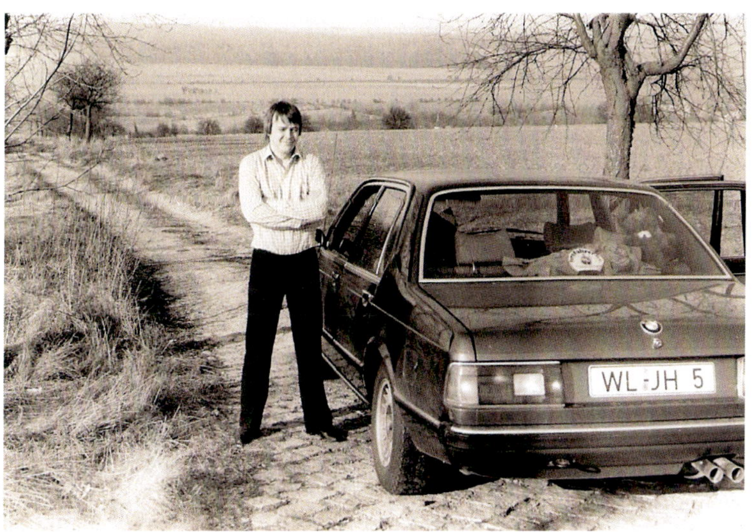

Mein BMW und Uwe

Eines Tages kam ich zu meinem Wagen und musste feststellen, dass mein BMW-Zeichen wieder weg war, dieses Mal mit einem Schraubenzieher abmontiert. Dadurch gab es auch noch Kratzer am Lack.

Die nächste Polizeidienststelle war an der Keibelstraße. Bei ihr wollte ich mich wegen der Versicherung melden, um wenigstens den Schaden bezahlt zu bekommen.

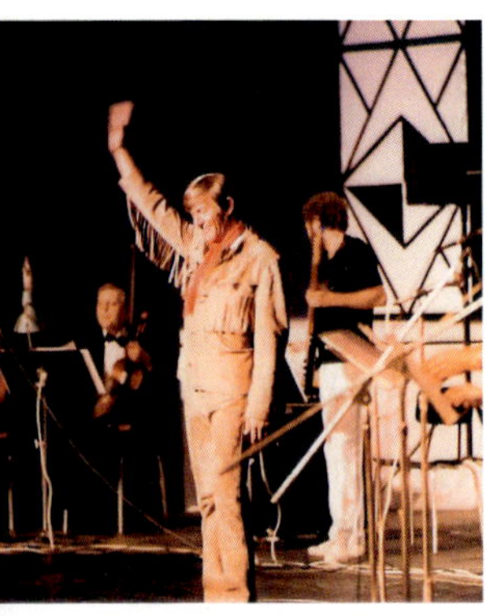

Ich ging mit etwas Wut im Bauch dorthin und betrat die Wachstube. Am Fenster stand ein Beamter mit dem Rücken zu mir und fragte, ohne sich umzudrehen:
„Was gibt's?" Ich begann mit meiner Schilderung: „Mein BMW, Tiefgarage, BMW-Zeichen" und so weiter und kam nur bis zu dem Satz „Ich möchte Ihnen sagen …" Da drehte sich dieser Polizeibeamte um und schrie gleich: „Bürger der BRD und Westberlins haben hier nichts zu sagen." Jetzt war auch ich auf 180. Wir brüllten uns gegenseitig an und auch mein Argument, dass ich Österreicher sei, bewirkte zu diesem Zeitpunkt nichts.

Ich sagte ihm, dass ich im Friedrichstadtpalast arbeitete und verlangte sofort seinen Vorgesetzten zu sprechen.
Das Wort „Vorgesetzter" wirkte Wunder. Der Beamte verschwand und ein anderer erschien und sagte auch nicht viel freundlicher: „Warten Sie draußen vor der Tür." Nach etwa 15 Minuten wurde ich zu einem weiteren Beamten gebracht, der hinter einem Schreibtisch saß. Er war scheinbar der Vorgesetzte der beiden anderen. Ich schilderte ihm, immer noch aufgeregt, den Vorfall in der Garage und auch die Diskussion mit dem Beamten. Dieser Vorgesetzte war aus anderem Schrot und Korn. Er nahm ein Protokoll auf, entschuldigte sich für das schlechte Benehmen des anderen Polizisten und beruhigte mich. Er fragte mich nach meiner Arbeit im Friedrichstadtpalast und schuf wieder eine normale Atmosphäre. Die beiden unfreundlichen Polizisten habe ich nicht mehr gesehen. Meine beiden BMW-Zeichen natürlich auch nicht.

BMW DIXIE 1929

Ich war in all den Jahren meiner Arbeit in der DDR (1972 – 1989) immer auf der Suche nach interessanten Dingen, die ich eventuell erwerben konnte.
Ich kaufte alles Mögliche, von Musikinstrumenten bis hin zu Meissner Porzellan. Eines Tages bot mir jemand einen alten BMW DIXIE Baujahr1929 an. Da ich kein besonderes Interesse an Oldtimern hatte, habe ich sein Angebot zuerst ausgeschlagen. Außerdem war ich der Meinung, dass ich sowieso niemals eine Ausfuhrgenehmigung des Außenhandelsministeriums bekommen würde. Dem Besitzer sagte ich, dass ich es mir durch den Kopf gehen lassen und ihm innerhalb eines Monats Bescheid geben würde. Zwischenzeitlich reiste ich wieder in den Westen und erkundigte mich, welchen Preis man für so einen BMW erzielen könnte. Man nannte mir Beträge, die bis zu 50.000 DM reichten, wobei angeblich besonders die Amerikaner an solchen Schätzen Interesse hätten. Nun war mein Geschäftssinn geweckt. Schließ lich wollte der Besitzer des Wagens nur 5.000 Mark der DDR als Kaufpreis.

Zurück in der DDR bemerkte ich bei der genaueren Betrachtung des Gefährts die einen oder anderen Mängel wie z. B. Rostschäden. Auch das Innenleben des Wagens hatte über die Jahre ganz schön gelitten. Trotzdem konnte ich der Versuchung nicht widerstehen und zahlte den gewünschten Kaufpreis.
Nachdem ich die offizielle Ausfuhrgenehmigung erhalten hatte, fuhr ich mit einem Freund zuerst bis an die Grenze zu Westdeutschland und von dort aus zusammen mit meiner Frau in gemäßigter Fahrweise bis nach Hamburg. Obwohl dieses Unterfangen sehr gefährlich war, da das Auto noch alte Seilzugbremsen

hatte, kamen wir nach langer ermüdender Fahrt doch noch wohlbehalten in Hamburg an.

Meine nächste Handlung bestand darin, in zwei amerikanischen Zeitungen Anzeigen zu schalten, in der Hoffnung, einen Käufer für mein Auto zu finden. Trotz meiner Bemühungen war zwei Jahre lang niemand bereit, einen akzeptablen Preis für meine Errungenschaft zu bezahlen. Glücklicherweise lernte ich nach einem weiteren Jahr jemanden kennen, der in Ostfriesland ein Automuseum betrieb. Dieser kaufte den Wagen für 12.000 DM, restaurierte den BMW und seither ist mein Dixie zur Freude vieler Oldtimerfans in diesem Museum in Ostfriesland ausgestellt.

Die falsche Pistole

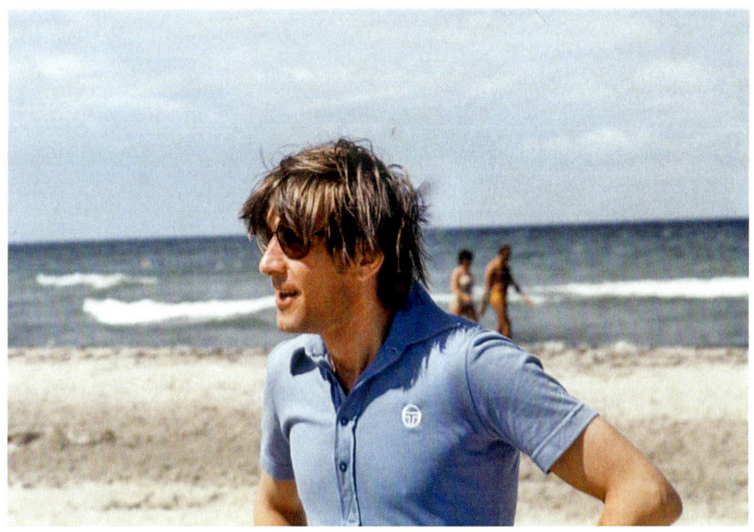

In Warnemünde

Bei den vielen Engagements wollte ich in den 1970er-Jahren diesen Umstand nutzen, um auch einmal im schönen Hotel Neptun in Warnemünde einen Strandurlaub mit meiner Familie zu verbringen. Aufgrund der Tatsache, dass Urlauber aus dem Westen den Aufenthalt in diesem Hotel prinzipiell mit DM bezahlen mussten, ersuchten wir um eine Genehmigung, um mit DDR-Mark, die ich durch meine Auftritte verdient hatte, zu bezahlen.

Zuvor hatte ich schon einmal einen ganzen Monat lang in der Neptunbar gesungen. Die Bar lief zu diesem Zeitpunkt nicht besonders gut und so hoffte man, dies durch meine abendlichen Auftritte zu ändern. Mit meiner Show erzielte ich unglaubliche Erfolge und machte mir somit Hoffnungen bezüglich des Urlaubes im Hotel Neptun.

Auf Anfrage bei der Künstleragentur und der Hoteldirektion konnte ich einen kleinen Erfolg verbuchen. Ich bekam die Genehmigung, meinen Urlaub in Mark der DDR zu bezahlen. Nachdem ich die Erlaubnis erhalten hatte, ging es auch prompt an die Vorbereitungen. Voller Vorfreude packten wir die Koffer mit Badesachen, Handtüchern und allen möglichen Utensilien, die man für Ferien am Strand benötigt. Natürlich waren die Kinder begeistert bei der Aussicht auf Strandburgen und jeder Menge Spiel und Spaß am Meer.

Als endlich der Tag der Abreise gekommen war, fuhren wir mit einem voll gepackten Auto Richtung Rostock, über Lübeck, Selmsdorf in die DDR. Wie es damals üblich war, wurde an der Grenze alles kontrolliert: Die Zollbeamten schauten unter die Autositze, durchforsteten den Wagen nach verbotenen Zeitschriften, inspizierten den gesamten Innenraum nach Waffen und Munition, ließen uns den sorgfältig eingeräumten Kofferraum leeren und ihn wieder neu bepacken, nachdem sie ihn kontrolliert hatten.
Nur die Seitentasche der Vordertür fand keine Beachtung, denn ansonsten wären uns viel Ärger, Zeit und Nerven erspart geblieben.

In Warnemünde angekommen, verfielen wir alle gleich in eine entspannte Stimmung und genossen für vierzehn Tage den schönen Strand an der Ostsee, den Komfort, sich zwei Wochen lang verwöhnen zu lassen. Wie das im Urlaub nun mal so ist, die Zeit verging viel zu schnell und bald hieß es, von Sonne, Meer und Möwen Abschied zu nehmen. Bei der Anreise haben wir noch darauf geachtet, alles möglichst schön einzupacken. Doch bei der Abreise ließ die Freude am Packen nach und somit war das Auto noch voller als bei der Anfahrt. Das hinderte uns aber nicht daran, den Kontrollpunkt fünf Kilometer vor der Grenze in bester Stimmung und Laune zu erreichen.

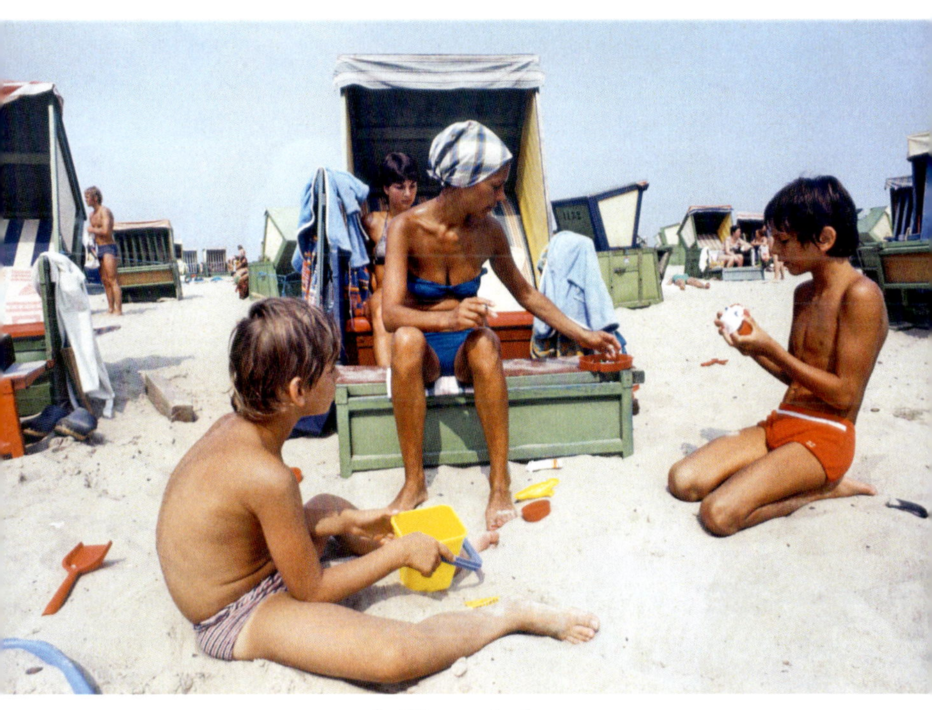

In Warnemünde

Dies änderte sich jedoch rasch. Zunächst kam der Grenzbeamte an meine Fahrertür, verlangte unsere Papiere und bat mich, den Kofferraum zu öffnen. Ich stieg aus und während ich nach hinten ging, vernahm ich die Stimme der Zöllners, der plötzlich laut sagte: „Ja, was haben wir denn da?“ Mit spitzen Fingern hielt er die Wasserspritzpistole meines Sohnes Michael in die Höhe, die er aus der Ablage der Fahrertür herausgezogen hatte. Eben diese Plastikpistole hatte der Junge vor unserer Abreise aus Hamburg von uns unbemerkt in dieses Fach gesteckt.

Die Stimmung kippte schlagartig und es erweckte beinahe den Anschein, als ob ich eine geladene Kalaschnikow im Auto geschmuggelt hätte. Mit Händen und Füßen versuchte ich dem Beamten klar zu machen, dass mein Junge diese Wasserpistole ohne mein Wissen eingepackt hatte und es sich schließlich nur um ein Kinderspielzeug handelte. Der erbarmungslose Grenzer hingegen bestand darauf, dass ich gegen die Vorschriften der DDR verstoßen hätte, indem ich eine Pistole eingeführt habe und jetzt wieder ausführen wolle. „Das hat jetzt Konsequenzen für Sie", warf mir der Mann an den Kopf und verschwand in seinem Häuschen.

Zunächst einmal ließ er uns alle bei sengender Hitze fast zwei Stunden im Auto schwitzen.

Endlich erschien er wieder und meinte, dass er jetzt das alles zu Protokoll nehmen müsse. Wiederholt versuchte ich ihm begreiflich zu machen, dass es sich bei dieser Wasserpistole nur um harmloses Spielzeug handle und dass ich dieselbe Pistole im Spielzeugladen in Rostock gesehen hätte.

Entnervt und gereizt schleuderte mir der Beamten entgegen, dass da wohl ein gewaltiger Unterschied zwischen den Wasserpistolen in Rostock und der von ihm gefundenen sei. Auf meine Rückfrage, worin denn genau der Unterschied bestünde, meinte er voller Inbrunst, dass die Wasserspritzpistole aus dem Osten eine Verteidigungswaffe sei, wohingegen es sich bei meiner, aus dem Westen stammenden, um eine Angriffswaffe handle.

Auf diese Äußerung fiel mir beim besten Willen keine Erwiderung mehr ein. Ich ergab mich in mein Schicksal und harrte der Dinge, die da noch kommen sollten. Der Zöllner teilte uns mit siegessicherem Lächeln wieder mit, dass er jetzt das Protokoll aufsetzen werde und ich dieses dann zu unterschreiben hätte. Ich erwiderte, dass ich gar nichts unterschreiben werde, woraufhin er doch ein wenig überrascht und unsicher meinte, er werde meine Verweigerung im Protokoll vermerken und ich

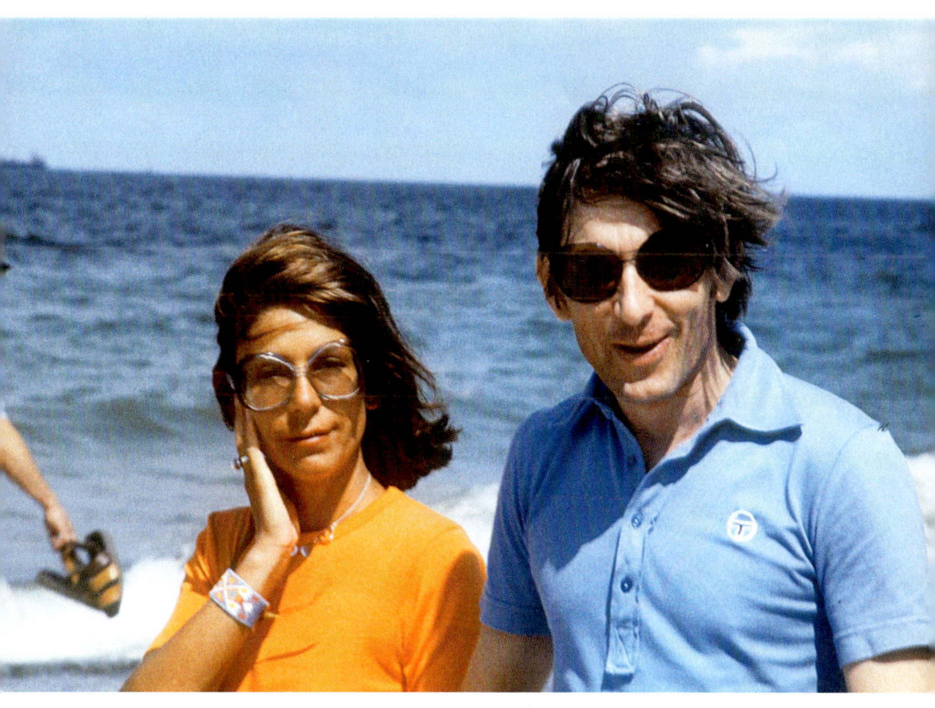

In Warnemünde

solle dies dann unterzeichnen. Nachdem wir nun seit fast drei Stunden im Auto vor uns hin schmorten, versuchte ich, ihm so deutlich und höflich wie möglich, erneut zu erklären, dass ich gar nichts unterschreiben werde. Wenn es sein müsse, würden wir noch fünf Stunden hier stehen bleiben.

Daraufhin verschwand er zum x-ten Mal wieder in seinem Häuschen, kam nach zehn Minuten mit unergründlicher Miene wieder, gab mir meine Papiere und ließ uns unseres Weges ziehen. Um eine DDR-Erfahrung reicher kamen wir müde, aber doch erholt von unserem Ostseeurlaub wieder zu Hause an.

Diamantenfieber

Ich war sehr oft im Dresdner Kulturpalast engagiert, meistens während der Frauentagsveranstaltungen vom 1. März bis zum 20. März. Ich erzähle dies heute noch gerne in meinen Konzerten auf der Bühne. Jeden Tag zwei Veranstaltungen, am Wochenende sogar drei. Der große Saal ausverkauft und fast nur Frauen aller Altersklassen. Es waren für mich Triumphzüge, die ich nie vergessen werde. Die Vorstellungen waren meist sehr bunte Programme mit Künstlern aus verschiedenen Ländern aus Ost und West. Ich war die Schlussnummer und hatte dadurch sehr viel Zeit. Es war selbstverständlich, dass man als Künstler zu Beginn einer Vorstellung im Haus war. Zwischen den Veranstaltungen am Nachmittag und der Abendshow war auch immer eine große Pause.

Einmal waren, unter Anderen, zwei sehr erfolgreiche Komiker aus dem Ruhrgebiet, Ted und Jo, im Programm. Nach vier bis fünf Tagen hatte sich das Programm eingespielt, es kehrte Routine ein und man suchte Zerstreuung und Abwechslung. Die kam auch und was für eine!

Es war an einem Nachmittag. Ich ging von Garderobe zu Garderobe, um zu plaudern und mir die Zeit zu vertreiben, so kam ich auch zu Ted und Jo. Uwe, mein Begleiter, Roadie, Freund und Fahrer saß währenddessen in meiner Garderobe und las. Ich klopfte an die Garderobentür von meinen beiden westdeutschen Kollegen, öffnete die Tür und hatte das Gefühl, irgendwie zu stören. Das Gespräch war sofort verstummt und ich hatte gerade noch das Wort „Diamanten" aufgeschnappt. Ich fragte, ob ich störe und die beiden meinten, für mich doch etwas merkwürdig, „Nein, nein." Dann fragte ich etwas unbedarft:

„Ihr habt doch gerade von Diamanten gesprochen, habt ihr etwa welche gekauft?"

Alle Künstler aus dem kapitalistischen Ausland waren immer hinter wertvollen Dingen her, denn wir bekamen unsere Gagen, wie gesagt, nur in Mark der DDR. Jeder versuchte, daraus das Beste zu machen. Es war verboten, das Geld mitzunehmen oder umzutauschen. Also suchten alle etwas Wertvolles, um es aus der DDR mitzunehmen. Dies war unter bestimmten Voraussetzungen und mit Genehmigung der Künstleragentur möglich.

In erster Linie waren das Meissner Porzellan, Antiquitäten, Schmuck, alte Autos, wenn man sie bekam, und natürlich alle Gegenstände des täglichen Bedarfs, soweit es sie in der DDR gab.
Deshalb reagierte ich so auf das Wort „Diamanten", aber Ted und Jo meinten nur: „Diamanten? Du musst dich verhört haben, wir haben von unseren Tanten gesprochen." Erst wollte ich das nicht glauben, doch die beiden wirkten total normal. Ich ging in meine Garderobe zurück und erzählte Uwe, was ich gerade erlebt hatte und dass ich dies alles merkwürdig fand.

Dann zwei Tage nichts.
Wieder ging ich zu Ted und Jo in die Garderobe und hatte sofort das Gefühl, dass die beiden etwas vor mir verbergen wollten. Diesmal wollte ich mich nicht lächerlich machen und reagierte darauf nicht, verließ die Garderobe wieder und vergaß dabei, die beiden nach einem bereits verabredeten, gemeinsamen Abendessen an einem spielfreien Tag zu fragen.
Kurz vor meiner Garderobe fiel mir das ein, ich drehte mich um und ging zurück zu den Beiden und hörte, als ich die Tür öffnete, wieder das Wort „Diamanten". Jetzt war ich nicht mehr zu halten, ich gab keine Ruhe mehr. Da der Opernsänger aus der DDR, der auch in unserem Programm war, ebenfalls gerade

in dieser Garderobe war, deuteten Ted und Jo hinter seinem Rücken das „Pst"-Zeichen und formten mit ihren Lippen das Wort Stasi.
Ich ging zu Uwe in meine Garderobe: „Die haben Diamanten! Frag du sie, wenn sie allein sind, woher, wie, was und wo!" Aber auch Uwe wurde hingehalten und erfuhr nur so viel, dass sie noch nichts Genaues sagen könnten, aber auf der Spur von russischen Rohdiamanten seien. Diese wären auf dem Weg nach Westdeutschland, um die Echtheit zu prüfen.
Alles gefährlich und absolut diskret.

Also hieß es wieder warten. Ein paar Tage später kam die Information, dass die Rohdiamanten echt sind, die Sache aber sehr heiß, vielleicht sogar zu heiß und gefährlich sei für Ted und Jo war, da die beiden aus der BRD kamen.
Die Gier war schon zu groß. Das Diamantenfieber war bei Uwe und mir längst ausgebrochen. Dann endlich, am Samstag vor der Nachmittagsvorstellung meinten Ted und Jo: „Heute in der Pause zwischen den beiden Vorstellungen werden wir dir die Diamanten zeigen. Du kannst entscheiden, ob du sie willst oder nicht." Ich kürzte meinen Auftritt um zwei Songs und traf mich mit Ted und Jo in ihrem Volvo auf dem Parkplatz hinter dem Kulturpalast.
Ted zeigte mir eine schwarze Schatulle, öffnete sie ganz schnell und ich sah irgendetwas blinken und glitzern. Genaues sah ich nicht. Dann meinte Ted geheimnisvoll: „Komm! Zur Sicherheit Standort wechseln." Er stieg mit der kleinen schwarzen Schatulle in der Hand aus dem Wagen. Wir gingen nebeneinander über den großen Parkplatz und Ted sagte plötzlich: „Also willst du sie jetzt haben oder nicht?" Ich fragte sehr aufgeregt, was die denn überhaupt kosten würden. Ted: „15.000. Willst du sie oder nicht?"

Auf meinen Einwand hin, dass ich sie ja noch gar nicht richtig gesehen habe, fragte Ted nochmals, ob ja oder nein. Als ich immer noch zögerte, sagte Ted: „Wenn du sie nicht willst, dann brauch ich sie auch nicht.“, holte aus und warf die „Diamanten“ weit von sich auf den Parkplatz.

Als ich mich daraufhin erschrocken zu ihm umdrehte, sah ich zufällig nach oben zum Kulturpalast. Dort waren die Fenster der Garderoben alle offen und vom gesamten Ensemble besetzt, das sich nicht mehr halten konnte vor Lachen. Mittendrin meine Frau, die eben erst angereist war und das natürlich alles hautnah miterlebte.

Jetzt endlich ging mir ein Licht auf!
Ich war verarscht und verladen worden, wie wir Künstler dies nennen. Ted und Jo hatten auf einem Spaziergang durch Dresden auf der Straße das Glasstück eines alten Kronleuchters gefunden und eine kleine Schatulle von der Requisite des Hauses organisiert. Da sie um meine Jagd nach Wertvollem und um meine Gier wussten, hatten sie mich gemeinsam und sehr gekonnt über eine Woche lang total aufs Glatteis geführt. Natürlich war auch der Opernsänger, der gut mitgespielt hatte, keiner von der Stasi und ich hatte nun den Spitznamen „Diamanten Jonny“.
Immer wenn ich an Ted und Jo denke, dann denke ich an zwei tolle Kollegen, zwei große Komiker, aber auch zwei sehr gute Schauspieler.
Jungs, ich grüße euch.

O.F. Weidling

O.F. Weidling war die Nummer Eins der Conferencies, ich habe ein paar Mal mit ihm zusammen gearbeitet. Er hat mich, mit einer Ausnahme, immer hervorragend als Künstler auf der Bühne präsentiert. Aber wir kamen uns menschlich nicht sehr nahe. Er hatte eine etwas spöttische Art mit Kollegen umzugehen, die mir nicht besonders lag.
Ich hatte ein Engagement in Karl-Marx-Stadt in der Stadthalle und kam um 16 Uhr am Bühneneingang an. Dort standen die Musiker des Orchesters Kurzweg im Freien, rauchten und unterhielten sich. Auf meine Frage, ob die Probe schon angefangen hätte, wurde gelacht und gemeint: „Ja schon lange und jetzt ist gerade die Pause".
Ich hatte leider übersehen, dass es zwei Vorstellungen pro Tag gab, eine Nachmittagsvorstellung und eine Abendvorstellung. Ich war also viel zu spät dran. Ich habe ganz schnell meine Noten verteilt, ging sofort in meine Garderobe, habe mich umgezogen, der Inspizientin Tatjana mitgeteilt, dass ich im Haus sei und lief gleich hinter die Bühne. Fünf Minuten später ging es in den zweiten Teil der Nachmittagsvorstellung. Da ich immer die Schlussnummer war, blieb ich hinter der Bühne und hörte auf einmal, wie O.F. Weidling, in einer so genannten Blockansage, die drei letzten Darbietungen ansagte. Eine davon war der Italiener Vittorio und dann meinte er: „Und dann kommt der Österreicher, der immer am Schluss singen will: Jonny Hill."

Ich muss hier natürlich erwähnen, dass ich mein Leben lang Blockansagen gehasst habe wie die Pest. Ich bin der Meinung, dass es keine große Achtung vor jeglicher kreativer Darbietung ist, die Künstler nicht einzeln vor ihrem Auftritt zu präsentieren. In vielen, wahrscheinlich in den meisten Fällen, ist es der

Bequemlichkeit der Ansager zuzuschreiben, dies zu tun. Dann können sie längere eigene Pausen machen und müssen nicht nach jeder Darbietung auf die Bühne. Noch dazu, wenn es, bedingt durch die Jahreszeit, draußen und auch drinnen sehr heiß ist. Und so war es hier auch. Ich habe aber diesmal nichts gesagt, denn ich war ja zu spät gekommen, ging dann auf die Bühne und habe meinen Auftritt wie immer absolviert.

Nach der Vorstellung bin ich zu O.F. gegangen, habe mich bei ihm auch für meine Verspätung entschuldigt und bat ihn, mich in der Abendvorstellung nicht in der Blockansage zu präsentieren, sondern dies unmittelbar vor meinen Auftritt zu tun.
Er murmelte irgendetwas von Stars und Sonderrechten oder Ähnlichem in seinen Bart und ging in seine Garderobe. Meine Garderobe war der Bühne am nächsten und die von O.F. war die am weitesten von der Bühne entfernte.

Dann kam die Abendvorstellung.
Vor mir war, wie gesagt, Vittorio, dann ging O.F. Weidling widerwillig auf die Bühne und erzählte dem Publikum etwas von einem Österreicher, der nicht im Block angesagt werden wolle. Der sich für etwas Besonderes halte und meinte dann wie nebenbei, er heiße Johannes Hügel oder nein: Jonny Hill. Dann kam Herr Weidling von der Bühne und ich meinte im Vorbeigehen zu ihm: „Herr Weidling, das finde ich nicht sehr nett von Ihnen!“ Das war natürlich Majestätsbeleidigung. Während der ersten Lieder dachte ich nur daran, wie ich O.F. jetzt eins auswischen könnte. Dann hatte ich plötzlich die Eingebung. Normalerweise sang ich immer sechs Lieder und wenn dann das Publikum tobte, noch zwei Zugaben. Als erfahrener Künstler kann man das aber immer ein bisschen steuern. Diesmal sang ich nur vier Lieder, machte eine kleine Pause, als ob mein Auftritt schon vorbei sei. Das Publikum wollte natürlich noch

Zugaben. Dies machte ich natürlich, sang noch zwei Lieder und ging dann mit viel Applaus von der Bühne.

Meine Schlussnummer war normalerweise „Ay ay ay Paloma" nur mit meiner Gitarre. Das war für Herrn Weidling das Zeichen, langsam zur Bühne zu gehen. Dieses Lied hatte ich aber diesmal weggelassen. Jetzt sollte O.F. Weidling auf die Bühne kommen, um die Schlussansage zu machen. Dieser jedoch saß ganz hinten in seiner Garderobe. Die Bühne war leer, das Orchester schwieg und die Inspizientin schrie ins Mikrofon hinter der Bühne: „Herr Weidling, Herr Weidling auf die Bühne"!
O.F., nicht ganz leichtgewichtig, rannte den Flur entlang, kam mit hochrotem Kopf auf die Bühne und war ein bisschen aus dem Konzept.
Jetzt kam das Finale.
Herr Weidling rief die Künstler einzeln auf die Bühne, um sich zu verabschieden. Auf der Bühne war eine große Treppe aufgebaut, über die wir herunterkommen mussten. Als vorletzten Künstler rief er Vittorio auf die Bühne und präsentierte ihn, als wäre dieser Frank Sinatra persönlich und in den Beifall von Vittorio hinein, meinte Herr Weidling ganz leise „und Jonny Hill". Im lärmenden Applaus für Vittorio ging natürlich mein Name völlig unter. Aber Herr Weidling hatte vergessen, mit wem er es zu tun hatte. Natürlich hat er mitbekommen, dass ich ihn mit dem gekürzten Programm hatte auflaufen lassen.
Jetzt sollte er mich aber noch besser kennen lernen.
Wie anno dazumal schritt ich nun wie Zarah Leander über diese Treppe.
Auf jeder Stufe blieb ich stehen und holte mir von meinem Publikum den Applaus, den ich verdient hatte.
Weidling verfolgte das Ganze mit verzerrtem Gesicht, denn was er erreichen wollte, war sicht- und hörbar in die Hose gegangen.

Als wir von der Bühne gingen schrie und tobte er. Seine Wut auf mich gipfelte in seiner unglücklichen Aussage: „Gehen Sie doch dorthin zurück, wo Sie hergekommen sind, wir brauchen solche Leute hier nicht“!
Ich ging ganz ruhig in meine Garderobe.
Am nächsten Tag beschwerte ich mich beim Direktor der Stadthalle über die Aussage und bekam von O.F. Weidling vor allen Kollegen eine Entschuldigung für seinen Ausrutscher. Später hat mir Vittorio erzählt, Weidling habe ihm in Bezug auf diesen Abend gesagt: „Also eines muss ich ja sagen, ein Profi ist er ja, der Hill.“ Hat mich gefreut! Danke, Herr Weidling!!

Als wir den neuen Friedrichstadtpalast eröffnet haben, hat er mich zusammen mit meiner Frau zu sich nach Hause zum Abendessen eingeladen. Es war ein sehr amüsanter Abend zu viert. Frau Weidling hat wunderbar gekocht. Ich habe dann leider miterlebt, wie unfair O.F. Weidling nach seinem Auftritt im Friedrichstadtpalast abserviert worden ist.
Wir sind uns dann noch ein paar Mal mit gegenseitiger Achtung begegnet.

Seide in Görlitz, Notenpapier in Leipzig

In meiner langjährigen Arbeit in der DDR habe ich eine für mich wichtige Erfahrung gemacht: In diesem Land gab es fast alles, nur mit der Verteilung gab es Probleme. Was es zum Beispiel in Rostock gab, fand man nicht in Dresden. Was man in Magdeburg kaufen konnte, war in Leipzig nicht erhältlich. Da ich in der gesamten Republik unterwegs war, gab es für mich dieses Problem nicht.

Ich hatte ein Engagement in Görlitz, schlenderte vor der Vorstellung durch die Stadt und sah plötzlich in einem Schaufenster ein Schild, auf dem „Chinesische Seide“ stand. Ich betrat das Geschäft und ließ mir von der Verkäuferin die Seide zeigen. Noch nie hatte ich in der DDR irgendwo chinesische Seide gesehen. Es waren ca. zehn nagelneue Ballen mit wunderbaren Mustern. Die Verkäuferin erklärte mir, dass dies hier niemand kaufe. Da Weihnachten vor der Tür stand, kaufte ich große Mengen verschiedener Muster und beglückte damit meine Frau und meine ganze weibliche Verwandtschaft. Die Qualität war sehr gut und der Preis ebenfalls, die Freude bei allen riesengroß.

Als ich im Berliner Friedrichstadtpalast gastierte, ließ ich mir von einem Musiker und Arrangeur meine Bühnenarrangements neu schreiben. Nach ein paar Wochen kam dieser zu mir und meinte, dass es da ein Problem gebe. „Wir haben kein Notenpapier, bring welches aus der BRD mit. Dann sind deine Arrangements ganz schnell fertig.“ Auf meine Frage, wo er denn bis jetzt das nötige Notenpapier herbekommen hätte, antwortete er: „Im Musikaliengeschäft Unter den Linden. Dort ist es aber seit Monaten ausverkauft.“ Ich ging also in das Geschäft, erkundigte mich nach Notenpapier und erhielt dieselbe Auskunft.

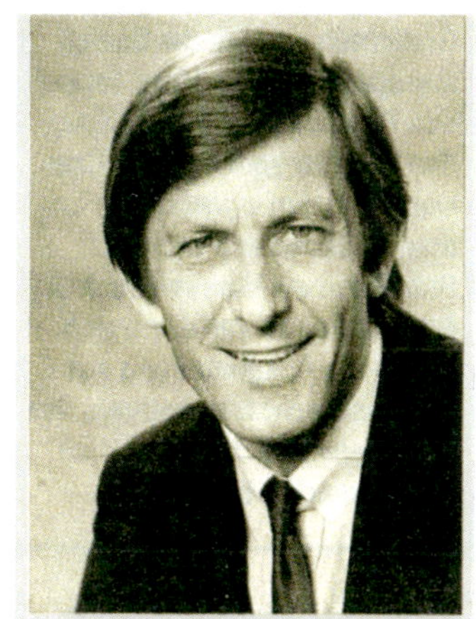

22.35 Landgang

Mit Liedern von Abschied und Wiederkehr plaudert der Österreicher Johnny Hill über Gefühle der Seeleute. Was empfinden sie, wenn sie erneut auf große Fahrt gehen? Und inwiefern Seeleute und Unterhaltungskünstler etwas gemein haben, ist ebenfalls in der Sendung zu erfahren...

Aus der Zeitung FF-Dabei, 28.10.1985

Es gäbe wieder einmal, wie so oft in der DDR, kein einziges Blatt. Ich kam mit dem Verkäufer ins Gespräch und fragte ihn, woher er das Notenpapier beziehe.
Er gab mir eine Telefonnummer in Leipzig und empfahl mir, dort anzurufen. Am nächsten Tag rief ich in Leipzig an und erfuhr am Telefon, dass Notenpapier vorrätig sei und ich vorbeikommen könnte. Daraufhin fuhr ich nach Leipzig und man führte mich in eine Lagerhalle, die bis unter die Decke voll war mit verschiedenen Größen von Notenpapier.

Da das Notenpapier bedeutend billiger war als in der BRD, habe ich mich nicht nur für meine Arrangements eingedeckt, sondern gleich auch für meine Musiker in der BRD. Ich lieh mir einen VW-Bus, fuhr nach Leipzig und wollte den Wagen mit dem Notenpapier beladen. Da Papier aber sehr schwer ist, konnte ich nur eine bestimmte Menge mitnehmen. Aber ich glaube, dass einige meiner Musiker und Komponisten nie mehr im Westen Notenpapier kaufen mussten.

Auf meine Frage, warum es denn in Berlin kein Notenpapier gebe, erhielt ich die Antwort: „Wenn es keiner bestellt, hat er auch keines.“ Wie ich selbst feststellte: Ware war genug da. Dies waren nur zwei von vielen Beispielen, die ich selbst erlebt habe.

Hipp Hipp Hurra

Es muss 1982 gewesen sein. Die Volksmusik war in der BRD unglaublich erfolgreich. Im Fernsehen und auf der Bühne. Viele der besten Volksmusikanten kamen schon damals aus Österreich. Deshalb fragte mich die Künstleragentur der DDR, ob ich ihnen nicht ein paar Volksmusikanten empfehlen könne. Ich meinte, dass ich darüber nachdenken werde. Auf dem Nachhauseweg hatte ich dann plötzlich die Idee, der DDR ein komplettes volkstümliches Programm anzubieten. Ich überredete meine Frau Helga, diese Tournee gemeinsam mit mir zusammenzustellen und diese zu leiten. Der Name war schnell gefunden: „Musikalische Grüße aus Österreich".

Die Programmzusammenstellung war etwas schwieriger, aber auch diese war irgendwann gefunden.
Als Anfangsgruppe sollte immer ein Quintett oder ein Sextett auftreten, weil das auf der Bühne ein schönes volles Bild ergab. Dann folgte ein Trio, danach ein Gesangsduo oder ein volkstümlicher Solist; durch das Ganze sollte ein Conférencier führen. Da wir ja Österreich präsentieren wollten, hatten wir die Idee, dass dieser Sprecher immer ein Wiener sein sollte. Er sollte den „Wiener Schmäh" und den Wiener Charme verkörpern. Dies bot meine Frau der DDR als Komplettprogramm an. Die meisten Musikanten, welche Musik nur nebenberuflich betrieben, konnten jeweils nur 14 Tage von zu Hause weg. Deshalb boten wir dies auch so an.

Im ersten Jahr dauerte die Volksmusiktournee durch die DDR also 14 Tage. Aber die Künstleragentur hatte ganz schnell erkannt, welch erfolgreiches Unternehmen dies war. Im Lauf der Jahre wurde die Tournee immer länger, zuletzt war die Gesamtzeit von Anfang Oktober bis Weihnachten. Da ich selbst als Künstler unterwegs war, lag die gesamte Organisation in der Verantwortung meiner Frau, die ein hervorragendes Händchen für die Leitung und Zusammenstellung entwickelte. Sie kümmerte sich um alles. Um die Besetzung, um die Visa, um das musikalische Programm, um Abrechnungen, um alles, was auf der Bühne geschah, um das richtige Verhalten der verschiedenen Künstler und Musiker in einer politisch sensiblen, anderen Welt. Sie gab Empfehlungen, was man kaufen konnte. Sie war die Mutter der Kompanie.

In den ersten Jahren war immer ein Begleiter der Künstleragentur dabei, später war sie oft allein unterwegs. „Musikalische Grüße aus Österreich" wurde zum sehr erfolgreichen Markenartikel. Natürlich gab es da und dort auch kleine Pannen. Eine davon wäre beinahe ins Auge gegangen. Da die Künstler immer nur für 14 Tage in die DDR reisen konnten, die Tournee aber ohne Unterbrechung weiterging, gab es auch diverse Wechsel. Einer kam, ein anderer fuhr nach Hause.

Eines Tages kam ein Wiener Conférencier ganz knapp zur Veranstaltung und hatte davor eine Reihe von Auftritten in Österreich. Er war also in Gedanken noch in Österreich. Er musste als zweiter auf die Bühne, da ja das Quintett die Eröffnungsmelodie gespielt hatte. Der Saal war voll. Die Stimmung gleich zu Beginn sehr gut.

Im Saal war an diesem Abend aber auch die gesamte Kultur-und Politabteilung des Bezirkes sowie Vertreter der Künstleragentur aus Berlin, um sich das Programm anzusehen.

Nun sein Auftritt: „Seid ihr alle gut drauf?"
Der Saal jubelt.

Er: „Zicke zacke, zicke zacke“
Der ganze Saal: „Heu heu heu“
Er: „Zicke zacke, zicke zacke“
Der ganze Saal: „Heu heu heu“
Er: „Hipp hipp“
Der Saal: „Hurra“
Er: „Hipp hipp“
Der Saal: „Hurra“
Er: „Sieg“
und der ganze Saal: … „Heil“

Massenpsychose!!

Diese primitive Art von Entertainment war in den Festzelten im Westen durchaus üblich. Nur, dass sich der jeweilige Ansager dort noch zu der Schlussaussage durchrang: „Jetzt weiß ich, wo all die Braunen sitzen.“ Vielleicht hat das unser Wiener Sprecher auch noch gesagt, aber es ging in der allgemeinen Stimmung unter.
Die Stimmung hinter der Bühne bei meiner Frau war auf Null gesunken. Denn schon öffnete sich die Tür und herein stürmten die Vertreter der Künstleragentur und die Leute von der örtlichen Kultur. Meine Frau wurde aufgefordert, sofort die Veranstaltung abzubrechen und die Ausreise zu veranlassen. In diesem Augenblick fiel meiner Frau das Beste ein, was man in diesem Moment nur sagen konnte: „Ich bitte sie alle um Entschuldigung, der Herr hat einfach vergessen, wo er ist.“
Da ja alle offiziellen Stellen die langjährige Arbeit meiner Frau in der DDR kannten und positiv einschätzten, legte sich die Aufregung und es durfte weitergespielt und gesungen werden. Bei den ganzen Veranstaltungen in den beinahe 10 Jahren ist so etwas oder ähnliches nie wieder vorgekommen. Aber die Ausnahme bestätigt die Regel.

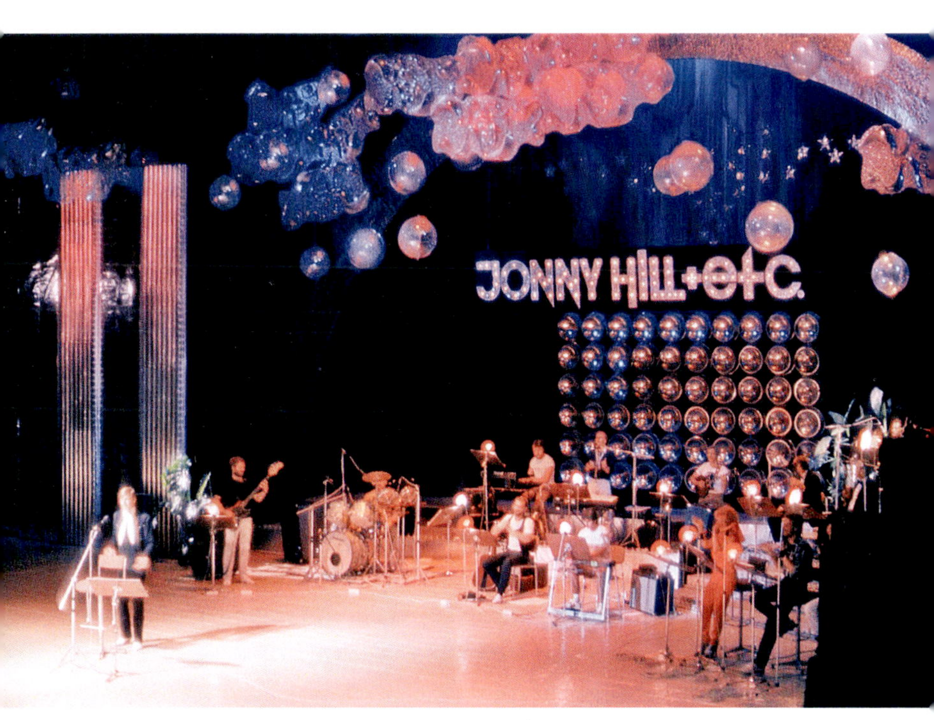

Mit ETC on Tour in der DDR

Stasi hin, Stasi her

Natürlich hatte ich schon vorher sehr viel von der Staatssicherheit gehört. Als ich dann in die DDR kam, war es eher selten, dass man darauf stieß. Im Lauf von fast zwanzig Jahren Arbeit blieb es auf wenige, eher unbedeutende Begegnungen beschränkt. Wenn es überhaupt die Stasi war.

Wenn ich in Berlin war, wohnte ich meistens im Hotel „Unter den Linden". Einmal war im dritten Stock kein Zimmer frei und ich wurde im ersten Stock untergebracht. Schon beim Einzug bemerkte ich, dass am Ende des Flures ein Mann auf einem Sessel saß. Er wirkte auf mich völlig desinteressiert, da er den ganzen Tag scheinbar in einer Zeitung las. Während meines Aufenthaltes kam ich mit ihm ins Gespräch und erfuhr, dass er ein Sicherheitsbeamter sei und auf irgendeinen Diplomaten aufzupassen hatte. Er war sehr nett und ich schenkte ihm eine Schallplatte von mir, über die er sich sehr freute. Das war, glaube ich, das erste Mal, dass ich mit der Stasi in Berührung kam.

Meine letzte bewusste Begegnung weiß ich ganz sicher. Anlässlich der 750-Jahr-Feier in Berlin war ich Ende Oktober 1987 zu einer Abschlussfeier der Stasi in einem großen Saal am Alex engagiert. Begleitet wurde ich bei meinem Auftritt vom Orchester Stuckart aus Erfurt.
Der Saal war brechend voll und die Stimmung schon sehr gut, als ich auf die Bühne kam.
Ich wurde sehr freundlich empfangen. Aber als ich zu singen begann, fingen die Leute zu tanzen an. Ich hatte es immer gehasst, wenn das Publikum tanzte, während auf der Bühne eine Darbietung stattfand. Aber in Anbetracht der guten Stimmung nahm ich es diesmal hin. Keine Ausnahme machte ich bei

meinem Lied „Ruf Teddybär 1-4". Bevor dies kam, bat ich das Publikum, Platz zu nehmen und sich die Geschichte anzuhören. Ein paar Leute verließen daraufhin die Tanzfläche. Ich begann, aber einen Großteil der Gäste interessierte meine Bitte überhaupt nicht und sie tanzten zu meiner Ballade. Nach ein paar Takten brach ich das Orchester ab. Ich bat das Publikum nochmals höflich, Platz zu nehmen und sich die Geschichte im Sitzen anzuhören. Darauf kamen die ersten Unmutsrufe.
Ich startete noch immer geduldig von Neuem, wieder wurde getanzt! Jetzt wollte ich es wissen. Brach wieder ab und meinte schon ein bisschen unfreundlicher: „Ich kann das Lied ja ruhig weglassen, wenn Sie tanzen wollen!" Trotzdem begann ich ein drittes Mal mit meiner Geschichte von „Ruf Teddybär 1-4". Wieder wurde getanzt und gelacht. Da war es mir zu bunt. Stasi hin, Stasi her. Ich brach ab, wünschte einen schönen Abend und verließ die Bühne. Die Menge war aufgebracht und schrie mir hinterher: „Hau doch ab, du blöder Österreicher, und geh dorthin, wo du hergekommen bist!" Mir war das egal, aber es war ein riesiger Eklat.

Ich meldete dies der Künstleragentur der DDR und bekam sogar eine offizielle Entschuldigung. Das waren meine beiden direkten Begegnungen mit der oft zitierten Stasi.

D(e)r. Vogel

Irgendwann Anfang der 1980er-Jahre kam ich auf die Idee, mir ein Haus in der DDR, von meinem hier verdienten Geld, zu kaufen. Ich wollte nicht aus dem Westen wegziehen, sondern mir einen Zweitwohnsitz nehmen, da mein Hauptarbeitsgebiet ja die DDR war. Ich dachte zuerst an Rostock oder an eine der alten renovierungsbedürftigen Villen in Potsdam am See. Also ging ich in die Künstleragentur, trug dort mein Anliegen vor und fragte, was ich da zu unternehmen hätte. Zuerst war man sehr erstaunt, weil so etwas noch von niemandem vorgetragen worden war. Dann erhielt ich als Auskunft, dass das Ministerium für Staatssicherheit zuständig sei. Ich solle mich an einen DDR-Rechtsanwalt wenden, der dieses Ansinnen richtig formulieren könne.

Da ich ja, außer dem aus der Presse bekannten Dr. Vogel, keinen Anwalt kannte, machte ich einen Termin bei ihm. Er war der offizielle Anwalt der DDR für Personenaustausch zwischen Ost und West. Ich bekam überraschend schnell einen Termin, wir verstanden uns auf Anhieb sehr gut. Ich informierte ihn über meine Absicht und bat ihn, für mich diesen Antrag zu stellen. Er meinte, dass ich, wenn ich überhaupt eine Chance hätte, auf jeden Fall sehr viel Geduld mitbringen müsse. Jedes Mal, wenn ich in Berlin war, rief ich in seiner Kanzlei an und besuchte Dr. Vogel.

Ungefähr nach einem Jahr fiel mir plötzlich auf, dass die Angebote aus der Künstleragentur immer weniger wurden. Nach einer Rückfrage von mir erhielt ich die Auskunft, dass ich nicht mehr so gefragt sei. Ich konnte mir vieles vorstellen, aber das nicht. Also setzte ich mich ins Auto, fuhr nach Berlin in die Künstleragentur und fragte, was denn los sei.

Frau Wegener und Frau Polten, die beiden Mitarbeiterinnen in der Agentur, drucksten herum und wiederholten obige Aussage nicht sehr überzeugend. Dann kam ein weiterer Mitarbeiter, Herr Krusche, ins Zimmer und bekam natürlich mit, über was wir sprachen. Auf meine neuerliche Frage, warum ich denn keine neuen Angebote mehr bekäme, meinte Herr Krusche plötzlich: „Ja, kannst du dir das denn nicht vorstellen?“ Dabei zeigte er mir einen Vogel. Zuerst begriff ich nicht, was das sollte, aber nachdem er mir immer wieder einen Vogel zeigte, ging mir plötzlich ein Licht auf und ich fragte ihn, ob das etwas mit Dr. Vogel zu tun habe. „Dazu kann ich nichts sagen“, meinte Herr Krusche, grinste und verschwand wieder.

Ich ging in mein Hotel, rief in der Anwaltskanzlei an und bekam sofort einen Termin. Es war ganz klar: Man hatte mich wieder einmal gesperrt, diesmal weil ich mit diesem ungewöhnlichen Anliegen bei Dr. Vogel war.
In der Kanzlei sagte Dr. Vogel zu mir, dass er ab und zu an die frische Luft müsse, ich solle ihn dabei begleiten. Auf der Straße meinte er dann, es gäbe hier einen Staat im Staate. Es sei auch manchmal für ihn besser, keine Mithörer zu haben. Nachdem ich ihn über alles informiert hatte, ihm das auch mit dem Vogelzeigen geschildert hatte, war er stocksauer und ebenfalls der Meinung, dass meine offensichtliche Sperre mit ihm zu tun habe. Er rief in meinem Beisein in der Direktion der Künstleragentur an, verlangte den Direktor, der in einer Besprechung war. Herr Dr. Vogel sagte wörtlich zur Sekretärin des Direktors: „Sagen Sie Herrn Falk, wenn die Sperrung von Herrn Hill nicht bis 14 Uhr aufgehoben ist, informiere ich morgen Herrn Honecker!“
Er sagte mir, dass er anlässlich des Besuches von Leonard Bernstein in der Oper auch mit Erich Honecker zusammen sei und diesem über den Vorfall berichten werde. All das fand zwischen 10 und 11 Uhr statt. Um 13 Uhr rief mich Herr Vogel im Hotel

an. Seine Mitteilung lautete: „Gerade hat mich Herr Falk angerufen und die Sperre ist mit sofortiger Wirkung aufgehoben.“

Schon am nächsten Tag bekam ich von der Künstleragentur neue Angebote und es war, als wäre nie etwas geschehen. Von meinem Ersuchen bezüglich des Hauskaufes habe ich auch nie mehr etwas gehört. Ich habe die ganze Sache einfach ruhen lassen.

Dr. Vogel habe ich bis zur Wende immer wieder besucht. Heute denke ich manchmal, wenn ich höre, wer in der einen oder anderen Villa in Potsdam wohnt: „Vielleicht wohnt jemand in dem Haus, das ich eventuell gekauft hätte.“

Kunstschätze

Ich habe ja schon erwähnt, wie wichtig es für mich war, aus meinem Ostgeld halbwegs etwas Vernünftiges zu machen. Ich habe es immer abgelehnt, mein Geld heimlich mit in die BRD zu nehmen und dort 1:4 umzutauschen. Dann wäre meine Arbeit ja nur ein Viertel wert gewesen. Deshalb die permanente Jagd nach wertvollen Dingen, die es zweifelsfrei in der DDR gab. Eines meiner liebsten Geschäfte wurde der Antiquariatsladen in Leipzig. Wann immer es meine Zeit zuließ, fuhr ich dorthin. Manchmal sogar von Rostock. Die Leiterin des Ladens war eine sehr nette Dame, der ich frühzeitig meine Situation erklärt hatte und die viel Verständnis dafür aufbrachte. Mein Geld hatte ich entweder in der Künstleragentur deponiert oder an der Grenze. Mal mehr und manchmal weniger.

Eines Tages kam ich also wieder in den Laden und erfuhr, dass es da eine Lithographie von Toulouse Lautrec gäbe, die ich für 18.000 Mark kaufen könne. Das Problem dabei sei, dass ich mich sofort entscheiden müsse, da es noch andere Interessenten gäbe. Ich war total begeistert: Wer hätte nicht gern einen Lautrec bei sich zu Hause hängen. Außerdem gefiel mir diese Litho sehr gut.

Ich hatte immer genügend Geld, ich machte ja ununterbrochen Veranstaltungen. Aber wie es der Zufall wollte, hatte ich nur etwa die Hälfte auf den Konten liegen. Es gab eine Menge von Verträgen, mit denen ich genügend Geld zur Verfügung gehabt hätte. Mein erster Anruf galt der Künstleragentur mit der Frage, ob ich nicht einen Vorschuss haben könnte. Es war so, als wenn ich Erich Honecker persönlich um Geld gebeten hätte. So etwas gab es in der DDR nicht. Ein Westkünstler und A-Conto-Zahlung.

Dann habe ich fast all meine Bekannten in der DDR angerufen, aber entweder hatte keiner genügend Geld oder sie hatten kein Vertrauen. Um es kurz zu machen: den herrlichen Toulouse Lautrec hat sich ein anderer an die Wand gehängt. Noch heute bin ich darüber etwas traurig.

Die zweite verpasste Gelegenheit im Zusammenhang mit Bildern habe ich selbst verschuldet. In dem gleichen Geschäft hingen fast ein Jahr zwei Aquarelle von Oskar Kokoschka an der Wand. Es waren zwei Industrielandschaften. Ich glaube mich zu erinnern, dass mir irgendjemand erzählt hat, dass, als Erich Honecker zum Staatsbesuch in Österreich war, er diese beiden Bilder als Geschenk erhalten hatte und sie ein paar Jahre später in den Antiquitätenhandel kamen. Ob wahr oder nicht wahr, egal. Diese beiden Bilder hingen am Abgang in den Keller an der Wand. Jedes Mal, wenn ich in dem Geschäft war, sprangen mir die beiden Originale ins Auge. Auch der Preis war nicht besonders aufregend. Das Problem war, dass mir die beiden Aquarelle überhaupt nicht gefielen, deshalb habe ich sie auch nicht gekauft. Heute muss ich natürlich sagen: Hätte ich doch. Denn mit dem Geld dieser beiden Bilder wäre ein tolles Auto für mein Enkelkind herausgesprungen.

Noch eine so genannte verpasste Gelegenheit. Irgendwann habe ich einen jungen Mann in Magdeburg kennengelernt, nennen wir ihn Gerhard. Gerhard interessierte sich auch für Antiquitäten. Er selbst sammelte ebenfalls und bot mir eines Tages eine Kaltnadelradierung von Rembrandt an. Als Preis nannte er 10.000 Mark der DDR. Ich besuchte ihn in seiner kleinen Wohnung, dort hing das herrliche Stück.
Ein Rembrandt! Zuerst war mir der Preis zu hoch, aber mich reizte es, einen Rembrandt zu besitzen. Da ich aber in der Angelegenheit nicht sicher war, bot ich Gerhard an, diesen Rembrandt

im Kupferstichkabinett in Dresden prüfen zu lassen. Wenn er echt sei, könnten wir über den Preis nochmals reden, meinte ich zu ihm. Bei meinem nächsten Engagement in Dresden fuhr ich kurz bei Gerhard vorbei und holte den Rembrandt ab.

In Dresden angekommen, galt mein erster Besuch dem Kupferstichkabinett. Dort traf ich einen sehr netten und hilfsbereiten Mitarbeiter, dem ich meine Situation schilderte, nannte aber keinen Preis. Ich habe solche Dinge, wenn ich sie erstanden habe, immer mit offizieller Genehmigung ausgeführt. Darüber informierte ich auch diesen Mitarbeiter. Er meinte, dass es wohl ein paar Tage dauern werde, um die Grafik zu prüfen. Eine Woche darauf begab ich mich also frohen Mutes ins Kupferstichkabinett. Auf meine Frage, was denn der Rembrandt so wert sei, meinte der Mitarbeiter: „Also, Herr Hill“, er machte eine, wie mir schien, geheimnisvolle Pause „es ist ein Rembrandt, Wert ca. 70 bis 80.“ Ich hätte beinahe Halleluja gerufen! Aber dann kam auf einmal der Satz: „Nur nicht aus der Zeit.“ Zuerst verstand ich das gar nicht. Als ich meinte, das sei mir egal, wenn der Rembrandt 70.000 bis 80.000 wert sei, kam ganz schnell die Ernüchterung. „Nein, nein, nicht 70.000, sondern 70 bis 80 Mark der DDR.“ Auf mein ungläubiges Staunen wurde mir erklärt, dass das Papier nicht aus der Zeit Rembrandts stamme.

In den Nachkriegswirren wurden von den Original-Druckplatten verbotenerweise auf neuem Papier Abzüge hergestellt, die natürlich nicht annähernd den Wert hatten wie eine Kaltnadelradierung auf altem Originalpapier. Also wieder nix. Ich habe dann Gerhard die Radierung zurückgebracht und auch er war doch ein wenig überrascht.

Aber so ist es nun einmal im Leben, es sind manchmal auch die verpassten Gelegenheiten die, die Erinnerung an etwas frisch halten.

Varieté Mobil

Irgendwann 1984 wurde ich gefragt, ob ich Lust hätte, in einem Varietézelt aufzutreten. Mein erster Gedanke war, dass das nichts für mich sei. Als ich dann jedoch erfuhr, dass dieses Zelt durch die DDR touren und wer noch dabei sein sollte, habe ich zugesagt. Es war ein tolles Ensemble. Da war einmal das Schüssler-Ballett aus der CSSR dann das Trio Cora, Hauff-Henkler, Uschi Stark, Dagmar Gelbke, Klaus Peter Plessow und Jürgen Rummel, der eine ganz neue Travestie-Show präsentierte und durch das Programm führte.
Varieté Mobil ging 1985 als Test über die Dörfer und stand 1986 fest im Treptower Park. Ab und zu gab es kleine Veränderungen im Ensemble, aber die meisten Künstler waren ständig engagiert. Wir hatten sehr viel Spaß zusammen und ich fuhr auch ab und zu nach Westberlin, um dort das eine oder andere einzukaufen, was es in der DDR nicht gab. Manchmal kam mich meine Frau besuchen und blieb, wenn es möglich war, auch ein paar Tage da.

Eines Tages war es dann halt auch schon die letzte Vorstellung und das Ensemble dachte sich für mich was Besonderes aus. Ich wurde auf der Bühne bei „Some broken hearts never mend“, meiner Schlussnummer, immer vom Ballett begleitet. Bei dieser letzten Vorstellung bekam meine Frau Helga ohne mein Wissen ein Kostüm vom Schüssler-Ballett und tanzte neben mir auf der Bühne mit. Das ganze Ensemble stand unten, lachte und applaudierte meiner Frau, nur ich bemerkte dies nicht. Erst ganz zum Schluss ging mir ein Licht auf und ich hätte vor Schreck beinahe meinen Text vergessen.

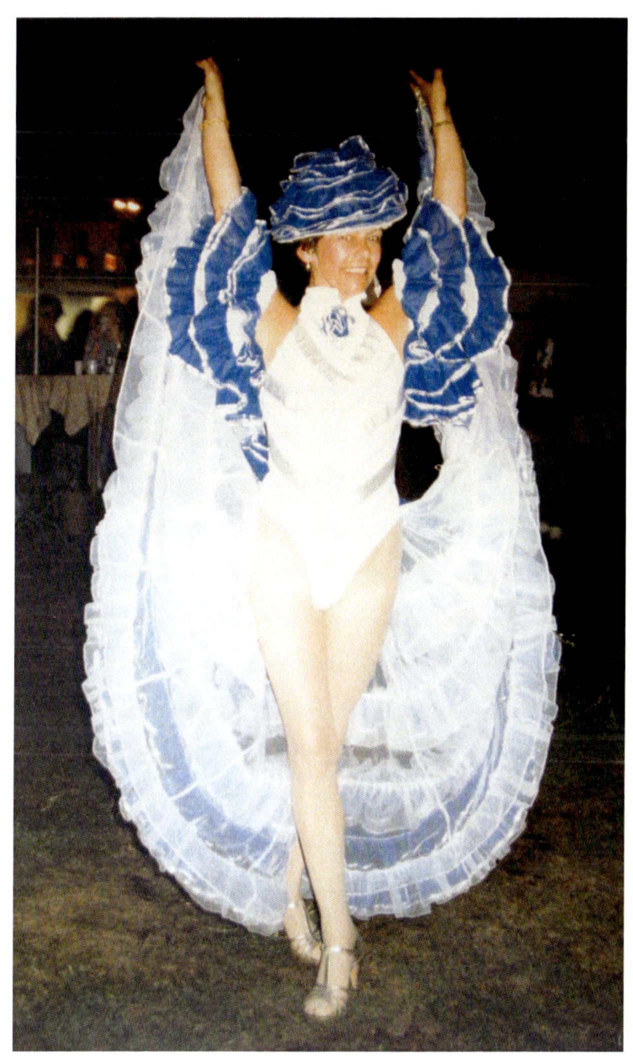

Helga Varieté mobil

Golf im Treptower Park

Hier begann meine „Golfkarriere“! Aber der Reihe nach:
Im Jahr 1985 war das großes Varietézelt im Treptower Park aufgebaut und ein Unterhaltungsprogramm unter dem Titel „Varieté mobil“ zusammengestellt. Ich spielte dort den ganzen Sommer lang. Irgendwann kam als Gast auch einmal Jiří Korn, ein sehr beliebter Sänger und Entertainer aus der CSSR. Dieser war als Special Guest zu uns gestoßen; in einer Pause sah ich ihn mit einem Schläger nach einem kleinen weißen Ball schlagen. Auf meine Frage, was er da so mache, meinte er: „Ich übe chippen.“ Er erklärte mir, dass dies ein Teil des Golfspieles sei und bedeute, kurze, nicht sehr weite, aber genaue Schläge zu machen.

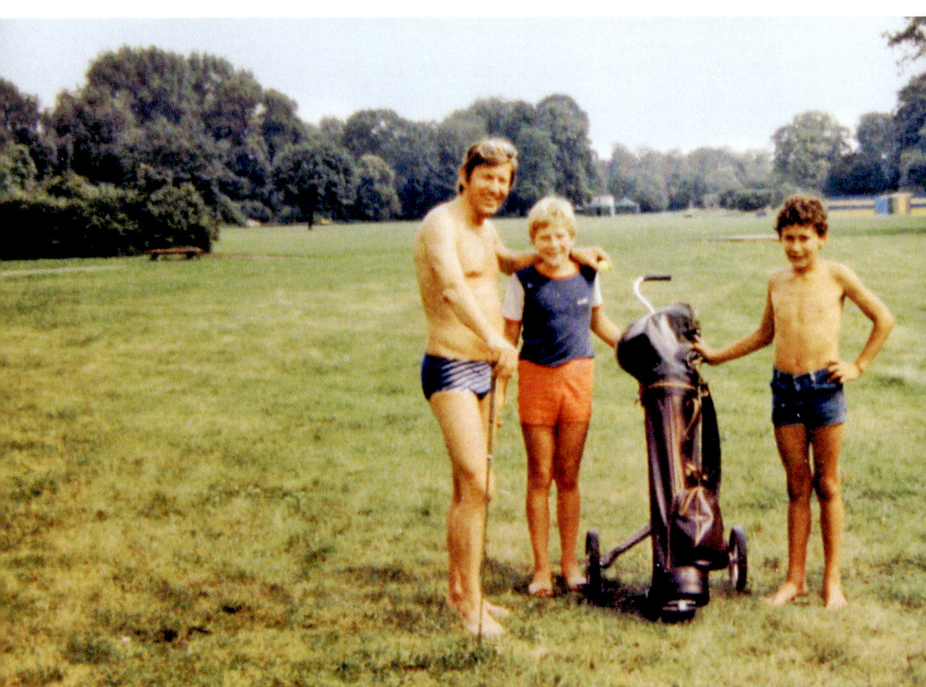

Golf im Treptower Park

Ich probierte dies auch ein paar Mal, aber es gelang mir nicht, den Ball zu bewegen. Einmal habe ich dann doch getroffen und der Ball flog ein paar Meter weit. Jiří zeigte mir die Bewegung, wie man den Schläger richtig hält und ich erfuhr von ihm, dass man für verschiedene Entfernungen unterschiedliche Schläger benützt. Da gab es zum Beispiel den Schläger für den Abschlag, genannt Driver. Der gefiel mir am allerbesten, denn da konnte man am weitesten schlagen. Mein Golf spielender Kollege verließ uns wieder, aber das Spiel hatte mich gepackt.

Mir fiel plötzlich ein, dass meine Bruder Folke Tegetthoff auf seiner Weltreise in Südafrika mit dem dortigen österreichischen Botschafter Golf spielte. Er hatte sich eine komplette Ausrüstung gekauft, die er aber, seit er zu Hause war, nicht mehr benützte. Ich rief ihn an und fragte, ob dieses Set noch vorhanden sei und ob er mir dies verkaufen wolle. So kam ich zu meinem ersten Golfbag und begann, hinter dem Zelt auf der großen Wiese zu üben. Ich nahm also aus der Golftasche den so genannten Driver und versuchte, den Ball soweit wie möglich über die Wiese zu schlagen. Es war schwierig, den Ball zu treffen und ich übte und übte und übte. Irgendwann begannen die Bälle zu fliegen und es entstand das nächste Problem: Wie kommen die Bälle wieder zurück zu mir? Es nervte mich, die Wiese nach den geschlagenen Bällen abzusuchen.

Am anderen Ende dieser Wiese spielten ein paar Jungs Fußball. Da kam mir die Idee, diesen jungen Fußballern für jeden Ball, den sie mir zurückbrachten, etwas Geld zu geben. Die waren begeistert, mein Problem war gelöst.

Leider habe ich Jiří nie mehr getroffen, um mich bei ihm für die erste Unterrichtsstunde zu bedanken. Ich habe kurz danach richtig angefangen und ich muss sagen: Der berühmte Golfvirus hat mich befallen.

Minibücher

Irgendwann entdeckte ich auch diese wunderbaren in Leder gebundenen Bücher.

So war es nicht weiter verwunderlich, dass mich mein Weg auch zu den Leder-Minibüchern führte. Zuerst nur gelegentlich, aber dann packte mich die Leidenschaft und ich begann, diese herrlichen Kleinode zu sammeln. Kaum war ich in irgendeiner Stadt, schon ging es in die nächste Buchhandlung. Leipzig war das Eldorado und ich erinnere mich noch ganz dunkel an Frau Schendler, die mir immer mit Rat und Tat zur Seite stand und mich auf das eine oder andere Büchlein hinwies. Natürlich hat mir dabei auch immer ein bisschen geholfen, dass ich regelmäßig bei „Klock 8 achtern Strom" zu Gast war. Wenn ich ein Buch einmal doppelt hatte, hatte ich damit immer für Freunde, Geschwister und Bekannte zu besonderen Gelegenheiten ein ungewöhnliches Geschenk.

Man kannte diese kleinen Bücher in dieser hohen Qualität im Westen kaum und die größte Überraschung war immer, dass man diese auch ohne Lupe gut lesen konnte. Ich habe eine wunderbare Sammlung zusammenbekommen und erfreue mich auch heute noch daran. Ich habe leider zu wenig Zeit, mich auch jetzt noch intensiv damit zu beschäftigen, aber – wer weiß – vielleicht fange ich nochmals damit an, wenn ich nicht mehr auf der Bühne stehe. Noch gehe ich jedes Jahr im Herbst in den neuen Bundesländern auf Tournee und erfreue mich an den gut besuchten Konzerten. Ich hoffe, dass das eine Weile noch so bleibt.

Mit Plaste beschichtete Dachpfannen

Auf der ständigen Suche nach Möglichkeiten, das verdiente DDR-Geld sinnvoll zu verwenden, kam ich auf die Idee, mein Haus in der Lüneburger Heide neu mit Dachziegeln zu decken.

In Rostock habe ich bei einem meiner vielen Auftritte auch für die Mitglieder einer so genannten PGH gesungen. Diese PGH handelte auch mit Plaste beschichteten Dachpfannen, die in der DDR hergestellt wurden. Als ich mir diese Ziegel ansah, kam mir sofort die Idee, mein Haus damit neu zu decken.

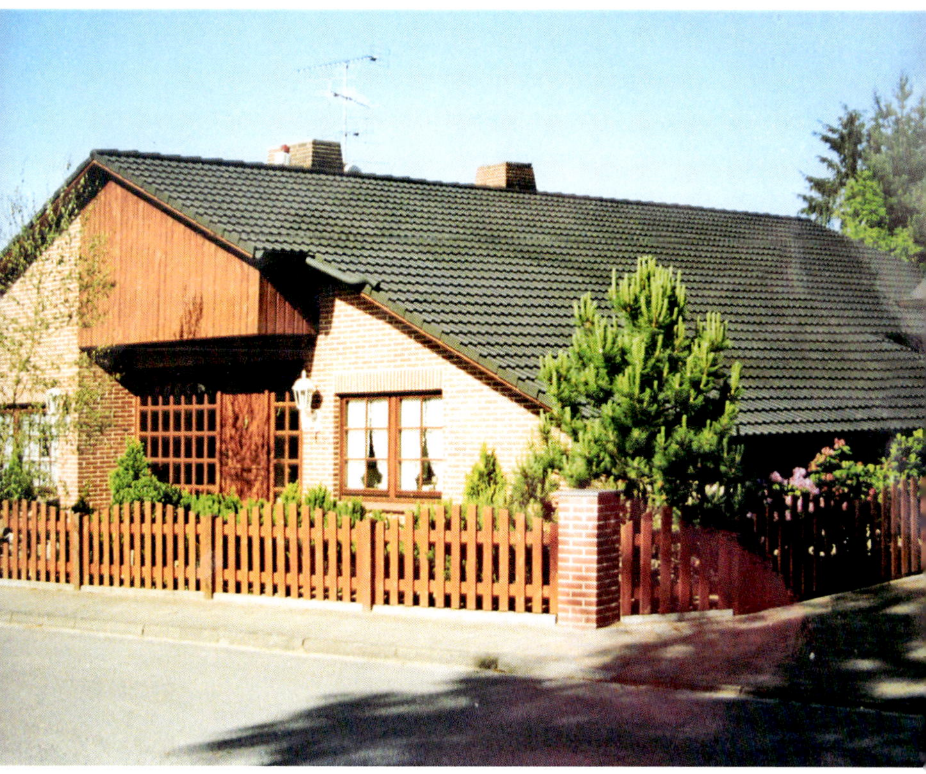

Mein Haus mit neuem Dach

Gesagt, getan. Meine Frage an den Chef der PGH: „Kannst du mir für mein Haus Ziegel liefern? Kann ich diese Ziegel bei dir kaufen?“ Antwort: „Diese Ziegel gibt es nur auf Zuteilung, da musst du dir eine Freigabe beschaffen.“

Bei Frau Kolb aus dem Außenhandels-Ministerium der DDR in Berlin fragte ich an. Nach einer längeren Zeit erhielt ich die Ausfuhrgenehmigung und eine Zuteilung für die PGH auf meinen Namen. Diese Ziegel wurden unter anderem in einer Dachziegelfabrik irgendwo in der Nähe der polnischen Grenze produziert.

Ich bat meinen Freund Uwe Oetken darum, mit der Genehmigung und der Zuteilungsbescheinigung zur Fabrik zu fahren und meine Dachziegel in die Lüneburger Heide mit der Deutschen Reichsbahn zu versenden. Dieser fuhr daraufhin mit meinem Auto zur Fabrik und meldete sich bei der Geschäftsleitung. Der Direktor der Produktionsfirma sah auf die Bescheinigungen, las, dass die Ziegel in die Bundesrepublik exportiert werden sollten und lehnte die Auslieferung ab. Begründung: Ausfuhrverbot.

Mein Freund beharrte auf seinen Bescheinigungen, ließ sich nicht abweisen. Daraufhin rief der Direktor bei seinem Chef, einem Generaldirektor in Chemnitz an und schilderte ihm mein Anliegen.
Ablehnung.

Daraufhin bat mein Freund den Direktor, selbst mit dem Generaldirektor sprechen zu dürfen. Dieser war froh darüber und reichte den Hörer weiter. Mein Freund erklärte in allen Einzelheiten unser Anliegen – weiterhin Ablehnung. Daraufhin mein Freund Uwe: „Wenn Sie jetzt nicht sofort die Genehmigung zur Ausfuhr der Dachziegel erteilen, rufe ich meinen Freund

Horst an und Sie werden anschließend kein Generaldirektor mehr sein." Darauf die Frage: „Welchen Horst?"
Antwort: „Meinen Freund Horst Sölle, den Minister für Außenhandel und Innerdeutschen Handel der DDR."
Pause.
Antwort: „Sie können die Dachziegel bekommen, geben Sie mir den Direktor der Dachziegelfabrik. Ich werde ihm die nötigen Anweisungen geben."
Mein Freund ließ daraufhin 20 Tonnen Dachziegel auf einen Reichsbahnwaggon verladen und fertigte den Waggon im zuständigen Bahnhof nach Lüneburg ab.
Die Dachziegel kamen unversehrt bei mir zu Hause an. Den Minister kannten weder mein Freund noch ich – nur der Name war uns bekannt.

Manager und Freund

Uwe habe ich durch Jutta kennengelernt. Jutta wiederum lernte ich bei einer Veranstaltung irgendwo in Rostock kennen. Sie war herzlich, offen und außergewöhnlich fröhlich, war Pharmazieingenieurin und arbeitete nebenberuflich als Mannequin für Modeschauen, die ein Teil der Show waren, in der auch ich auftrat. Da ich von Anfang an in der DDR mit meiner eigenen Mikrofon-Anlage arbeitete und meine schweren Gesangs-Boxen aus dem Auto auf die Bühne schleppte, fragte sie mich, warum ich niemanden hätte, der mir diese Arbeit abnehmen würde. Ich sah sie erstaunt an und meinte, weil ich doch niemanden in die DDR mitnehmen könne. Die Frage ging mir aber nicht mehr aus dem Kopf. Bei einer der nächsten Veranstaltungen fragte ich Jutta, ob sie nicht jemanden wüsste, der mir beim Aufbau meiner Gesangsanlage helfen könnte. Sie meinte: „Vielleicht mein Mann."

Er war Speditionskaufmann und hatte am Wochenende natürlich frei. Lust, mir die schwere Boxenschlepperei abzunehmen, hatte er auch. Außerdem hatte er am Anfang Riesenspaß, mit meinem BMW zu fahren. Er hatte sich zuerst über seinen Vater erkundigt, ob er das alles überhaupt durfte. War ich doch einer aus dem kapitalistischen Ausland; da war das alles nicht selbstverständlich. Aber niemand hatte etwas dagegen. So wurde Uwe mit der Zeit mein Roadie und Fahrer, soweit es sein Beruf zuließ.

Da ich am Anfang natürlich nicht wusste, ob er nicht ein Stasi-Mitarbeiter ist, der mich bespitzeln und aushorchen sollte, haben wir die ersten Monate nur das Wichtigste geredet. Uwe, von Natur aus schweigsam und verschlossen und ich vorsichtig, nichts Falsches oder Kritisches zur DDR zu äußern.

Im Lauf der Zeit hat sich das gegenseitige Vertrauen bei uns aufgebaut und wir wurden gute Freunde.

Er half mir, für mein DDR-Geld Musikinstrumente und anderes zu besorgen.
Unsere beiden Frauen lernten sich dadurch natürlich auch kennen. So war es logisch, dass wir gemeinsam irgendwann in den Urlaub fuhren. Ungarn hieß unser Ziel.
Ich hatte, bevor ich in Hamburg startete, meinen BMW im Service und neue Reifen bekommen. Mit dabei war auch diesmal mein ältester Sohn Feri Michael.
Auf halber Strecke zum Plattensee, Familie Oetken und Helga schliefen, meinte mein Sohn plötzlich: „Papa ein Reifen ist lose!“ Ich bemerkte nichts davon und sagte: „Sei ruhig, die anderen schlafen.“ Er wiederholte es zwei oder drei Mal, bis ich endlich stehen blieb und nachschaute.

Er hatte recht. Der Mechaniker in der Werkstatt hatte tatsächlich vergessen, die Schrauben des linken hinteren Reifens fest anzuziehen. Diese hatten sich während der Fahrt noch weiter gelockert. Gott sei Dank hat mein Sohn dies bemerkt, wir kamen alle mit dem Schrecken davon und erreichten gesund unser Urlaubsziel.

Da Uwe und Jutta mit Tochter Jana 1980 die Ausreise aus der DDR beantragten, wurde alles komplizierter und er verlor seinen Job.
Jetzt hatte er natürlich mehr Zeit und konnte sich noch besser um meine Belange kümmern. Er begleitete mich ständig zu meinen Veranstaltungen.
1985 erhielt er nach vielen Schwierigkeiten endlich die Ausreisegenehmigung und übersiedelte mit seiner Familie nach Buchholz in der Nordheide.
Er fand keine geeignete Arbeit und so bot ich ihm mein Management an. Dies macht er bis heute.

Wir haben zusammen die Fernsehsendung „KM 330“ für RTL und in der Folge für den MDR „Die schönsten Jahre meines Lebens“ und „KM 330“ mit großem Erfolg produziert.

Jetzt leben und arbeiten wir gemeinsam in der Schweiz und erinnern uns gern an viele schöne Stunden in der DDR, die ich auch deshalb vom Gefühl her – man möge es mir verzeihen – ein ganz klein wenig „Meine“ DDR nennen möchte.

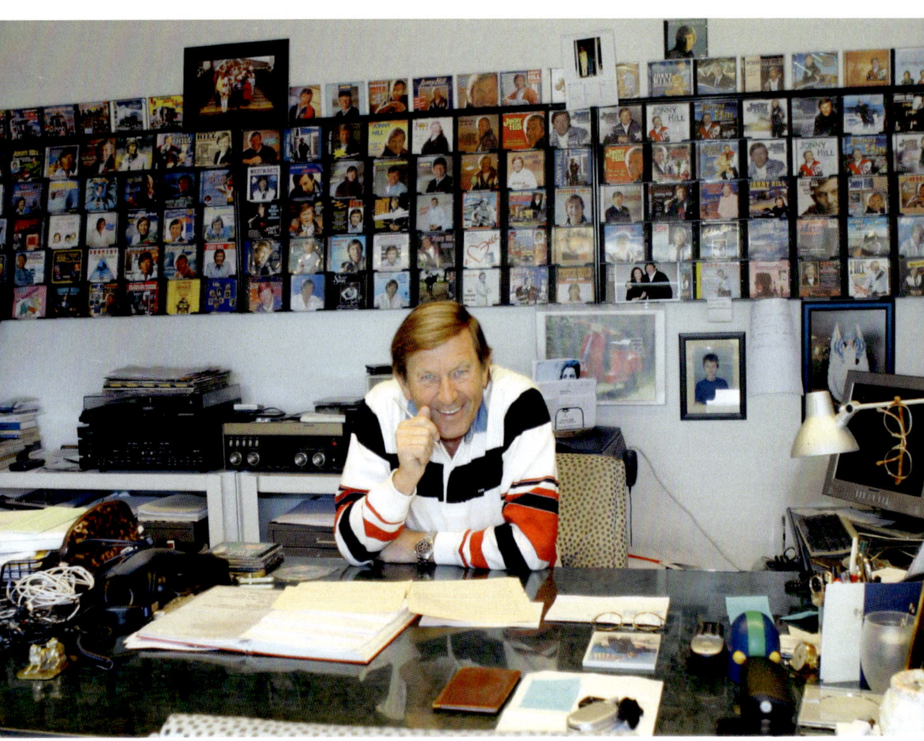

Bei meiner Arbeit im Büro

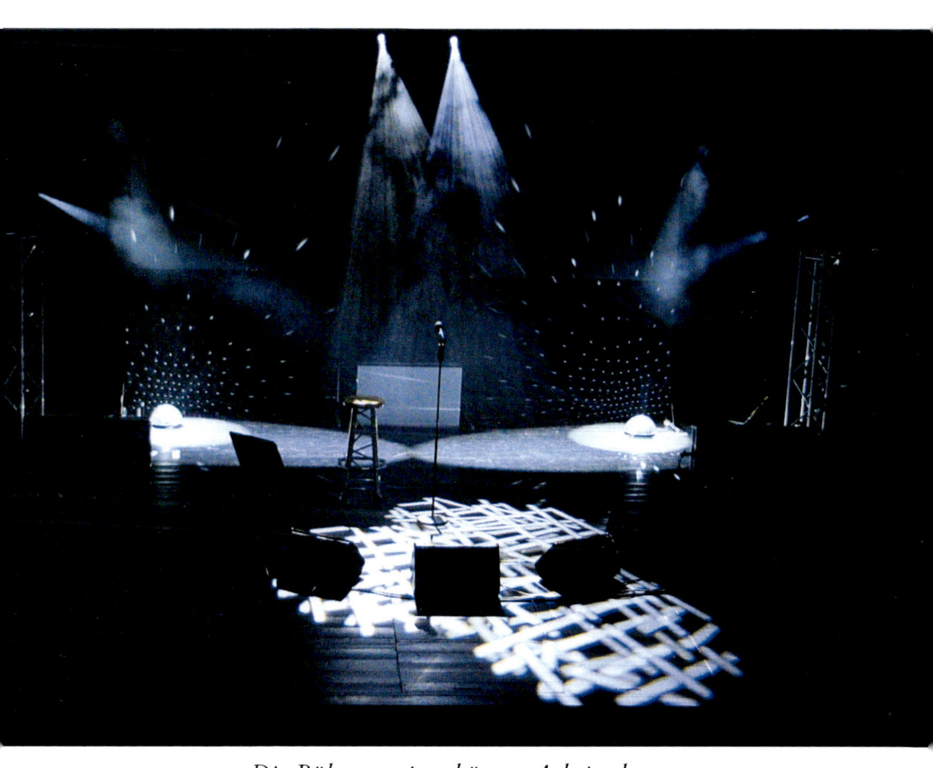

Die Bühne, mein schönster Arbeitsplatz

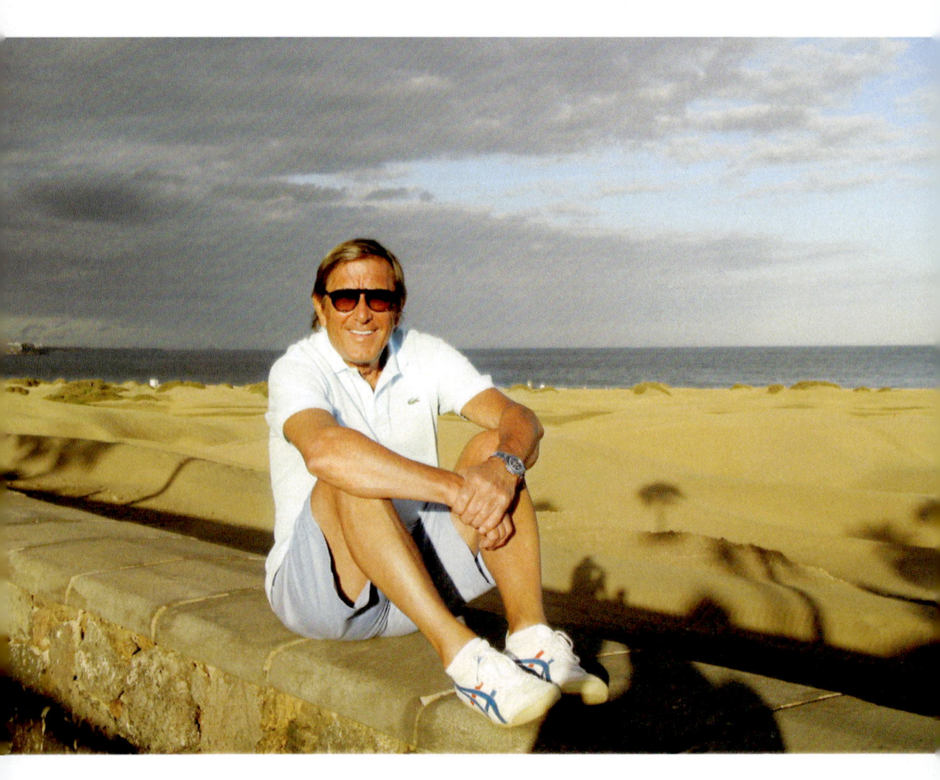

Bildnachweis

Alle Fotos stammen aus dem Privatarchiv von Jonny Hill, ausgenommen:

Seite 67: 1. Sendung KM 330 in Geiselwind	Marion Schröder / Hamburg
Seite 68: Mit Linda Feller bei KM 330	Marion Schröder / Hamburg
Seite 83: Golffoto mit James Last etc.	Rainer Drechsler / Hamburg
Seite 90: 70. Geburtstag	Manfred Gössinger / Berlin
Seite 91: Helga mit Husky in Lappland	Wolfram J. Mehl
Seite 92: Lappland mit Roberto Blanco etc.	Wolfram J. Mehl
Seite 103: TV Aufzeichnung mit Lolita, 1984	Lothar Thierfelder / Rostock
Seite 104: Klock 8 achtern Strom „Hafenbar", 1983	Lothar Thierfelder / Rostock
Seite 150: Bei meiner Arbeit im Büro	Wolfram J. Mehl
Seite 151: Die Bühne, mein schönster Arbeitsplatz	Marion Schröder / Hamburg
Titelfoto:	A-way / Hamburg

In einigen wenigen Fällen konnten die Bildrechteinhaber nicht zweifelsfrei ermittelt werden.

Soweit berechtigte Ansprüche für Bildrechte bestehen, wird darum gebeten, mit dem Autor Kontakt aufzunehmen.

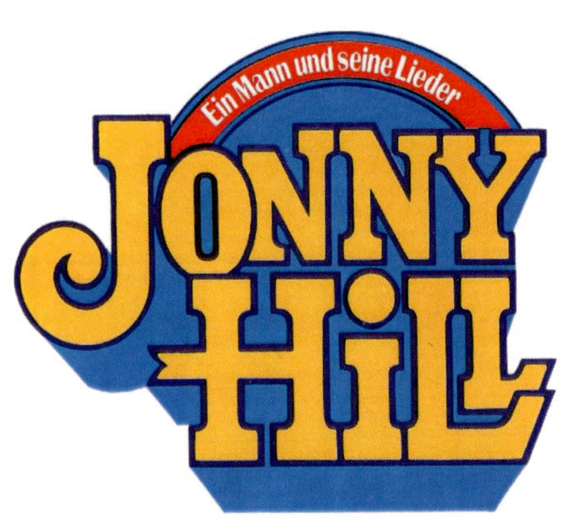
Ein Mann und seine Lieder
JONNY
HiLL